爱与教育

陪孩子走过小学关键期

张 艳◎著

南海出版公司

2023·海口

图书在版编目（CIP）数据

　　爱与教育：陪孩子走过小学关键期／张艳著．--
海口：南海出版公司，2023.4
　　ISBN 978-7-5735-0329-9

　　Ⅰ.①爱… Ⅱ.①张… Ⅲ.①小学生－入学教育
Ⅳ.① G625.5

中国版本图书馆 CIP 数据核字（2022）第 188039 号

AI YU JIAOYU: PEI HAIZI ZOU GUO XIAOXUE GUANJIAN QI
爱与教育：陪孩子走过小学关键期

作　　者	张　艳
责任编辑	何怡欣　邱靖雯
出版发行	南海出版公司　电话：（0898）66568511（出版） （0898）65350227（发行）
社　　址	海南省海口市海秀中路 51 号星华大厦 5 楼　邮编：570206
电子信箱	nhpublishing@163.com
经　　销	新华书店
印　　刷	三河市天润建兴印务有限公司
开　　本	710 毫米 ×1000 毫米　1/16
印　　张	13.5
字　　数	158 千字
版　　次	2023 年 4 月第 1 版　2023 年 4 月第 1 次印刷
书　　号	ISBN 978-7-5735-0329-9
定　　价	58.00 元

南海版图书　版权所有　盗版必究

前　言

相信在孩子尚未出生的时候，年轻的父母就已经对孩子未来的人生有过一些想象，做过一些规划。在这些想象、规划中，最让父母激动的应该就是孩子成为小学生这一天。

都说好的开始是成功的一半，小学则是孩子正式求学的开始。如果能保证孩子在小学的求学之路一帆风顺，他将来初中、高中、大学这一漫长的求学之路则会变得容易许多。

那么，什么样的小学生活才算是顺利的呢？孩子在读小学时，获得的最宝贵财富是什么呢？

十年树木，百年树人。想要让孩子掌握小学知识，这件事情做起来并不困难，真正的难点在于让孩子养成良好的学习习惯、培养独立的思考方式。

在孩子走出家庭开始接触学校这个微型社会的时候，既要保证他们的身体能茁壮成长，又要不断促进他们的心理成长、学习成绩不断进步，这才是小学教育最主要的目的。

"可怜天下父母心"，这句话应该是为人父母的真实写照。父母总是想要把最好的给孩子，让孩子有个光明美好的未来。可惜，在不得其法的情况下，我们不仅难以达到目标，甚至还可能产生相反的效果。想给孩子最好的，首先要知道什么对孩子才是最好的；想让孩子有个光明的未来，先要知道究竟哪些方面在孩子未来的人生中占据更主要的位置。

我希望，在孩子成为小学生的时候，家长能顺利地与孩子一起转换身份，从孩子的家长变成小学生的家长，并从帮助孩子入学、处理人际关系、培养好习惯、提高成绩等入手，让家长初次面对孩子在学校里出现的问题时不再手足无措，避免因缺少经验与孩子一起走弯路。

最后，祝愿每个孩子都能在成长的道路上一帆风顺，每个家长都能看到孩子成长为自己希望的模样，并让孩子拥有锦绣的前程和光明的未来。

目 录

/第一章/ 开学后，我就是小学生了

- 即将成为"小学生家长"，你要做好这些准备 / 002
- 带孩子一起去报名 / 008
- 和孩子一起准备学习用具 / 011
- 生活需要仪式感 / 016
- 爸妈搭配，干活不累 / 019
- 给孩子准备一间小书房 / 025
- 加油，和孩子一起成长 / 028

/第二章/ 成为受同学欢迎的人

- 有实力比什么都强 / 033
- 有趣的灵魂是最大的吸引力 / 036
- 教孩子如何选择适合自己的朋友圈 / 040
- 鼓励孩子积极参与班级事务 / 044

- 让孩子学会如何处理人际交往问题 / 048
- 让孩子成为班级的"管理者" / 052
- 让孩子学会化解遭遇到的冲突 / 057

/ 第三章 / 好习惯，让孩子受益一生

- 培养孩子对自己负责的意识 / 063
- 提高警惕，让孩子学会自我保护 / 067
- 再心疼孩子，家务也必须让他做 / 071
- 让孩子学会合理地安排时间 / 075
- 爱整洁、有条理，断舍离下的健康生活 / 079
- 拥有主动学习力，远离拖延症 / 082

/ 第四章 / 学习成绩还是要重点关注的

- 让自驱力激发孩子的学习热情 / 087
- 成绩很重要，但不是最重要的 / 091
- 语文学习，从这里入手 / 094
- 小学数学，得这样学习 / 099
- 学英语，课外班不是"必需品" / 103

/ 第五章 / 家长与老师的友好交流

- ◇ 孩子的学习和成长怎么样，老师很重要 / 108
- ◇ 让孩子真正喜欢上任课老师 / 111
- ◇ 遇"师"不淑，家长应该怎么办 / 115
- ◇ 老师对孩子有偏见，家长要这样处理 / 119
- ◇ 孩子又闯祸了，要这样跟老师沟通 / 123
- ◇ 与老师建立无障碍的友好交流 / 127

/ 第六章 / 注意，孩子有小秘密了

- ◇ 上锁的抽屉，神秘的日记 / 133
- ◇ 尊重孩子的个人空间 / 138
- ◇ 成长是一个逐渐独立的过程 / 142
- ◇ 孩子不对劲，家长应该这么办 / 145
- ◇ 凡事多问问孩子的意见 / 148

/ 第七章 / 掌控自我，从支配零花钱开始

- ◇ 零花钱，你这样给才是正确的 / 153
- ◇ 把零花钱当成孩子的"固定福利" / 158

- 理财意识要从小培养 /161
- 给孩子开个银行账户 /165
- 让孩子学会合理支配每一笔钱 /168

/第八章/ 除了学习，孩子总要再喜欢点儿什么

- 多了解，多体验 /173
- 尊重孩子的个人兴趣 /176
- 爱好不是任务，但要学会坚持 /180
- 给孩子"炫耀"的机会 /184
- 夸奖是最好的鼓励 /188

/第九章/ 假期来了，大把的时间要安排好

- 让早睡早起成为一种固定习惯 /193
- 选择靠谱的假期训练营 /196
- 掌握列假期清单的方法 /200
- 列出一份科学的假期计划 /204

/ 第一章 /

开学后,我就是小学生了

人从小到大的成长过程,是由一个个节点串联起来的——从家庭走进学校,从学校走进社会,与爱人结合建立全新的家庭,再到为人父母。每个节点都代表着人的身份发生的变化,每一个节点都非常重要。因此,在孩子成为小学生的时候,家长要给予足够的重视。

◇ 即将成为"小学生家长"，你要做好这些准备

孩子是父母爱情的结晶，是父母人生的延续，是父母倾尽所有培养的未来，是家庭未来的希望。父母都希望孩子能够茁壮成长，而在孩子成长的过程中，接受教育成为必不可少的重要环节。

成为小学生，意味着孩子从家庭这个温室中走了出来，进入一个全新的环境，成为新集体中的一员。在学校，孩子不仅要学习文化知识，还要懂得品德对人一生的重要性，学会融入集体，培养团队意识。

孩子成为小学生，不仅是对孩子的考验，也是对父母的挑战。孩子要面临全新的环境、全新的同学和老师，父母除了要承担新的责任外，还要为孩子提供在学校能全神贯注学习的种种条件。

许多父母认为，这些准备工作没有什么大不了的，不就是上个小学，到时候缺什么再准备就可以了。实际上，父母面对的问题往往比他们认为的要严重得多。

张宁的儿子张嘉轩到了该上小学的年纪，这着实让他兴奋了几天，不仅是因为张嘉轩的人生即将迈入一个全新的阶段，更是因为自

己照顾孩子实在是太辛苦了。如今，张嘉轩要上小学了，张宁认为他和妻子的负担就能减轻一些。虽然将来辅导孩子作业会出现许多新的问题，但不管怎么说，他们最近能轻松一段时间。

张嘉轩上学前要准备什么，张宁没有太多的想法，毕竟入学手续等事务早就处理好了，文具也买了一大堆，如铅笔、文具盒、橡皮擦、尺子、书包等。至于还有什么没有准备的，他相信肯定不是什么大事，到时缺什么再添置就好。就这样，开学第一天，张宁怀着解脱的心情把张嘉轩送去了学校。

没想到，当天下午放学回来的时候，张嘉轩就一副闷闷不乐的样子，吵着明天不去上学了，以后再也不去上学了。张宁满心疑惑，这孩子上学第一天到底发生了什么事啊？记得张嘉轩上幼儿园的时候也没有这样闹过情绪，难道是在学校被同学欺负了？

让张宁没有想到的是，问题就出在他没有好好准备孩子的文具上。

今天班上有一节美术课，老师提前说过要准备蜡笔。张宁忘记买了，上课的时候，张嘉轩不能完成老师布置的课堂作业。这本不算什么大事，老师观察到张嘉轩没有带蜡笔，就告诉张嘉轩同桌的女生，把蜡笔借给张嘉轩用一下。

这种借东西帮助他人的事情，对于成年人来说是非常自然的，但对于刚刚成为小学生的孩子来说却不是那么回事——毕竟是新买的蜡笔，每种颜色自己都没有使用过。女生虽然有些不情愿，但还是把蜡笔借给了张嘉轩，两个人一起用。

没想到，张嘉轩在用蜡笔的时候，不小心把一支黄色的蜡笔掉在地上，当时蜡笔就断成了两节。本就有些不开心的女生见自己一次还没用过的蜡笔被摔断了，当时就在课堂上大哭起来，老师费了好大的劲儿才把她哄好。

老师没有批评张嘉轩，毕竟这是无心之过，只是叫张嘉轩明天上学时带着一支新蜡笔赔给女生。只不过从那节课开始，张嘉轩就觉得好多同学看自己的眼神有点儿怪怪的，好像都在说是自己欺负了那个女生，把她弄哭了。

张宁得知张嘉轩不想去学校的原因后，有些哭笑不得。在张宁看来，不过是赔同学一支新蜡笔的事情，怎么就闹到不想上学了呢？他从晚饭一直哄到睡觉，张嘉轩才勉强答应明天去上学。

想要了解孩子，父母就必须蹲下身来，用孩子的眼光来看他们的世界。许多对成年人来说没有什么大不了的事情，对孩子来说就是天塌下来一样的问题。特别是孩子刚刚进入一个新环境，面对的都是陌生人，他有着非常强烈的不安感。如果发生什么事情不小心让自己成为焦点，特别是不好的焦点，他的不安感就会成倍增加，产生厌学情绪再正常不过了。

所以，家长必须要保证孩子在刚刚成为小学生时各方面都是顺利的，等到孩子逐渐适应了新环境以后，许多问题则不会再出现。

那么，家长除了要准备孩子上学所需的各项学习用品外，还需要做好哪些准备呢？

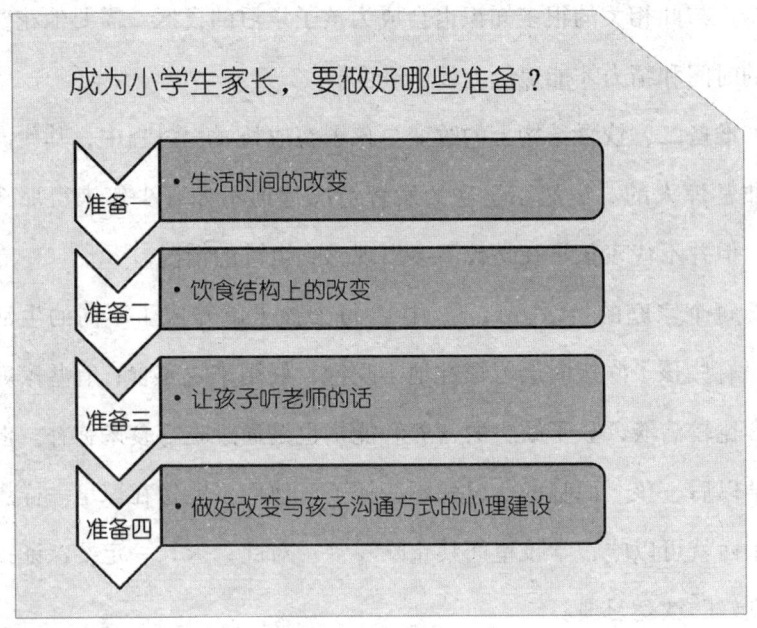

准备一，生活时间的改变。对于孩子上过幼儿园的家长来说，这不算什么问题，但对于孩子没有上过幼儿园的家长来说，这项准备就变得非常有必要。相信许多家长经历过孩子刚上幼儿园的时候，因为不习惯，忘记送孩子去幼儿园的时间，或者是忘记去幼儿园接孩子的时间。

特别是在早晨上学这件事上，去小学和去幼儿园是截然不同的概念。幼儿园没有课业任务，老师做的大多是照顾孩子、陪孩子玩耍，在这一过程中让孩子学到一些知识，所以时间观念不是太重要。

小学则有系统性的教学任务，如果家长早晨送孩子上学经常迟到，很可能让孩子错过课程。加之刚上小学的孩子没有自学能力，他们错过的课程则需要老师或家长额外抽出时间为他单独讲授。如果孩子没能及时学习落下的知识，他很有可能就此彻底错过。一步错，步步错，与此相关的很多知识也会成为孩子学习的盲区，需要他花费更多的时间和精力才能追赶上教学进度。

准备二，饮食结构上的改变。孩子在成长发育过程中，其代谢量是非常惊人的。虽然小学生的发育情况远远不如青少年来得那么明显，但并不代表孩子在学校不会出现感到饥饿的情况。

每个家庭的生活方式不一样，每个孩子就养成了不同的生活习惯。有些孩子吃饭时会习惯性地不吃饱，好用来吃零食；有些家庭的饮食比较清淡，孩子缺少的营养和能量也是通过吃零食来弥补。但是上学以后，孩子面临的状况就不一样了，他们不能像在家里一样想要吃东西就可以吃，学校里面禁止吃零食。对此，家长一定要保证孩子有良好的饮食习惯。

准备三，让孩子听老师的话。在孩子离开家庭之前，家长就是绝对的权威。家长要帮助孩子安排好一切，教会孩子一些生活常识，制定一些需要遵守的规矩，告诉孩子什么能做、什么不能做。到了学校以后，做这些事情的主体就变成了老师。

想要让孩子学到更多的东西，老师必须要有权威性。对于刚刚入学的孩子来说，老师无疑是一个陌生人，如果孩子在家中很受宠爱，还有小脾气，就会出现顶撞老师、不听老师话的情况。

即便孩子上过幼儿园，这项准备也是必不可少的。幼儿园的老师不需要那么高的权威性，毕竟孩子在幼儿园时更多的是被照顾，而不是学习。成为小学生以后，孩子面临的主要任务发生改变，不仅仅是要过好这一天，还要学习知识，培养思维能力。所以，家长要告诉孩子，在他成为小学生以后一定要听老师的话，让孩子尽快熟悉自己的小学生身份，学会认真听讲、遵守课堂纪律。

准备四，做好改变与孩子沟通方式的心理建设。在孩子还没有入学之前，家长与孩子的沟通方式往往非常简单，主要是告诉孩子应该做什么，并尽力回答孩子提出的问题。当孩子成为小学生以后，家长要应对的问题会成倍增加。

无论是学业方面，还是日常生活方面，孩子会出现许多新问题，这也是孩子需要和家长分享的主要内容。因此，家长要学会认真倾听，或是孩子讲述的校园趣闻，抑或是他存在疑惑的问题。这样，不仅可以让家长和孩子建立更深层次的情感联系，还能让家长从中抽丝剥茧发现孩子存在的一些问题——特别是在孩子分享时，发现可能存在的危险事情，家长要防微杜渐，万万不能忽视。

在孩子成为小学生以后，家长需要把自己的一部分权威分给老师。许多孩子在成为小学生之前对家长是言听计从的，但成为小学生以后，他们还需要听老师的话。当老师的教育方式与家长的理念发生冲突时，家长需要认真斟酌该如何处理这些问题，尤其要考虑好是要维护自己的权威，还是保证老师的权威。

当听到孩子口中不停地冒出"我们老师说了……""老师是这么告诉我的……"诸如此类的话时，家长也千万不要着急，不要觉得老师会抢走自己的孩子。其实，这是每个孩子成长的必经之路。

孩子成为小学生后，家长自然就变成了学生家长。这对孩子来说是个成长的过程，对家长来说同样如此。千里之行，始于足下——只有家长做好准备，孩子才能有一个好的开始，为整个求学生涯奠定一个好的基础。

◇ 带孩子一起去报名

对于孩子的各种入学手续，一直是家长在办理，只需家长携带居民户口簿、房屋所有权证明、出生医学证明和预防接种证这些证件就可以了，很少会让孩子一起参与。

但是，我提倡家长带着孩子一起去报名，因为这样做会带来很多好处。虽然每所学校都有自己的规定，一些学校也没有明确规定家长必须带孩子一起办理入学手续，但在有条件的时候，最好还是要带孩子一起去。

有些学校可能会要求家长带着孩子一起办理入学手续，说白了就是对孩子进行面试。对此，家长不必过于紧张，这主要是校方出于以下几点考虑。

第一，确定孩子是否适合入学成为小学生。 对于这一点，许多家长不明白，孩子明明已经到了该上学的年纪，还有什么不适合入学的呢？

每个家庭的情况不一样，每个孩子都是独一无二的，他们在心智发育上也有快慢的区别。有些孩子即便是年龄到了但心智并不成熟，如果孩子暂时不适合进入学校学习知识，因此晚一年入学是正常的。

对此，家长不必过于担心，社会上大器晚成的例子并不罕见，晚一年入学并不代表孩子就比别人要差，可能只是发育得比较晚而已。

还有一些孩子因为各种各样的问题不适合上学，如个别孩子有自闭倾向，或是智力发育明显迟缓。这类儿童不是完全不适合上普通的小学，但如果条件允许，进入面向特殊儿童的学校或许是更好的选择。

第二，对孩子之前接受教育的程度进行评估。过去，人们接收信息主要是通过电视、杂志、报纸、广播等媒介。而如今，我们生活在一个信息爆炸的时代，互联网、移动终端的普及大大降低了人们接收信息的门槛，每个人每天都会主动或被动地接收大量有用或无用的信息。孩子从呱呱坠地开始，就在这个时代或主动或被动地接收许多信息，他们的个人发展水平也就存在了一定的差异。

家长的干涉，也会导致孩子在某些方面出现差异。比如，很多家长不惜重金，早早就让孩子进入那些学习专长的幼儿园，或是刻意让孩子提前学习一些小学知识。因此，一些孩子在进入小学之前就已经掌握了许多超过同龄人的知识。

这些孩子比其他孩子懂得更多，智力开发也更提前。进入小学后，他们学习的知识更多，学习的速度也更快。对于这部分学生，学校有必要因材施教，调整教学方式，不断挖掘他们的潜能。

还有一些孩子，在体育方面很有潜力，从小就展现出过人的体力、速度、灵活性、协调性，他们很有可能就是下一代的体育健将。对于这些学生，学校进行有针对性的培养也是无可非议的。

入学报名的时候，有些学校会对孩子进行较为全面的评估，如让孩子试着做一些数学题，背诵一些诗歌，或者是做一些体能测试，观察孩子对一些事物的认知。

虽说教育要有教无类，但因材施教也是重要的方法。由于受教育资源的限制，为每个学生单独制订教育方案显然是不可能的，所以，对于学校根据不同学生的特点进行分层教学，家长不必太过焦虑，也不必因此对学校产生不满情绪。毕竟孩子的学习时间还长，孩子的未来发展不会因为这一件事情就被耽误。

无论是应学校的要求还是家长个人的意愿，家长带着孩子来报名的时候，不要只是走马观花就带着孩子回去了。以下几件事情，是家长需要注意的。

首先，要让孩子做好心理建设，感受学校的氛围。现在的幼儿园的规模已经相当大，但跟小学相比还存在一定的差距。当孩子第一次和如此多的同龄人在一起的时候，他难免会产生情绪波动，如兴奋、激动、紧张等。因此，家长要提前告知孩子，他今后几年内都要在这里学习，周围的这些小朋友就是他的同学。

提前做好这些心理建设，就能保证孩子在开学的时候减少紧张、兴奋等情绪的出现，快速进入学习状态。

其次，要带着孩子在校园里走一走。来到一个陌生的环境，孩子难免会觉得紧张。这种紧张与孩子的个性无关，即便是成年人来到一个新环境也会产生紧张的情绪。所以，家长不妨趁着还没有开学，就带着孩子在校园里转一转。

孩子在家长的陪同下，他的情绪自然是舒缓的、放松的，不仅容易熟悉环境，更容易对学校产生良好的第一印象。

最后，要建立学校与孩子的情感联系，削弱他们的分离焦虑感。 幼童对世界、对周边事物产生一些认识以后，就会形成依赖感。这种依赖感，更多的是针对一直陪伴在自己身边的家长——家长在他身边的时候，他就会有安全感，能安心去做其他事情；如果家长不在身边，他就容易出现思维迟钝、恐惧、胆怯、焦虑、暴躁等情况。而且，这种症状会一直持续到孩子成年进入社会为止。

显然，成为小学生并不代表孩子就能摆脱分离焦虑感。如果家长从未陪伴孩子在学校里出现过，对于孩子来说，校园就是一个没有家长的地方，他难免会失去安全感，出现分离焦虑感。

显而易见，如果家长从报名时就经常陪着孩子在校园里走一走，孩子把校园当成一个家长会时常出现的地方，他就能从中获得足够的安全感，建立起家长、学校和自身三者之间的情感联系。

总之，家长带着孩子一起去学校报名，虽然不是一件大事，但这一过程能让孩子有一些收获，这是值得家长花费一些时间且认真对待的事情。

◇ 和孩子一起准备学习用具

学生是否算一种职业呢？在大多数人的眼中，学生不算是一种职业，因为上学不能产生经济收益，还需要支出一定的费用。但是，从社会不同群体划分来看，学生同样是一种社会角色。

想要真正进入学生角色，学习用具是不可或缺的。这就好像士兵手中的武器、工人手中的工具一样，学习用具同样重要。

家长在给孩子购买学习用具时，往往会走两个极端，其中一个极端是并不关注给孩子购买的学习用具是什么样的，只是按照老师的要求把每种用具买到就好。处在这一极端的家长，对于孩子的小学生身份并不在意，认为孩子不过是上个小学而已，随便应付一下就行了，毕竟学习用具能用就行。处于另一极端的家长，因孩子第一次上学而持续兴奋中，不管什么学习用具都一定要给孩子买最好的。这类家长过度重视自己成为小学生家长的这一身份，从而忽略了成为小学生的其实是孩子这一事实。

这两个极端显然都是不对的，合适的才是最好的。家长虽然是成年人，比孩子更有眼光，更懂得物品的质量优劣，但并不代表孩子个人的意愿。因此，家长和孩子一起准备学习用具才是正确的选择。

郑鹏特别疼爱女儿彤彤，从彤彤出生的那天开始，彤彤就成为他的珍宝。从小到大，无论彤彤要什么，郑鹏都尽量选好的、贵的。

彤彤就这样在郑鹏的关爱之下无忧无虑地长大。眼看彤彤就要成为一名小学生了，郑鹏变得更加激动，他内心认为，这是女儿长大成人的第一步，无论如何都要重视起来。

对于课本、校服这类物品都是学校统一发的，郑鹏没得选，但是其他学习用具，郑鹏决定都要给女儿买最好的。拿到学校老师提供的物品准备清单后,他兴冲冲地前往市中心一家最大的文具超市,准备大肆采购一番。

采购过程中,郑鹏主要遵循以下两个原则:第一,由于之前已经对各种文具品牌进行了调查,他知道哪些品牌比较好,同品牌商品中哪个品类最出色。因此,超市中有他提前调查过比较好的文具,他一定会选择这类物品。第二,如果超市里没有他调查过的品牌,或者没有他认为最好的品类,他就会尽量选贵的,颇有一些"不求最好,但求最贵"的意味。

回到家以后,郑鹏发现彤彤对他买回来的学习用具好像不太喜欢。郑鹏一再劝说这些学习用具都是最好的,彤彤这才接受了爸爸的说法。郑鹏兴致勃勃地按照课程表给彤彤收拾好书包,满脑子都是第二天彤彤放学以后满心欢喜地跟自己讲述在学校学习的样子。

第二天,郑鹏下班回家的时候,发现彤彤已经放学回家一段时间了。但是,他想象之中的情况并没有发生,彤彤跟他说的第一件事情就是学习用具的问题,说她不喜欢那些学习用具,觉得它们不如同学的好。

这是郑鹏遇到的关于女儿烦恼中不曾出现过的结果,毕竟他已经竭尽所能地给她购买最好的学习用具了。于是,他试探性地问女儿:"你的同学所用文具都是什么样子的呢?你为什么会觉得同学的文具更好?"

彤彤红着眼睛说:"爸爸给我买的书包一点儿都不漂亮,黑黑的,又笨重。我同桌的书包就很漂亮,粉色的,上面还有漂亮的猫咪。我的铅笔也不如人家的好,人家的铅笔上面有个兔子头,把兔子头拔下来就是橡皮。还有尺子,人家的尺子里面有水,还有卡通鱼在里面游,可好看了。你还骗我说给我买的都是最好的,我觉得人家的都比我的好。"

彤彤的话,着实让郑鹏郁闷了。那些好看的学习用具,郑鹏确实在超市里见到过,价格也不贵,但他所选的学习用具都是质量上乘又非常实用的,远比那些在他看来花里胡哨的学习用具要好得多。

不过,郑鹏忽略了一件事情,对于彤彤来说,她自己喜欢才是最重要的——因为孩子对于物品的评价有属于自己的一套标准,父母给孩子的是他们自己认为最好的,并不是孩子最想要的。

当天晚上,郑鹏就带着彤彤去了自家附近的一家文具商店,让彤彤自己选她喜欢的学习用具。至于他给彤彤买的那些学习用具,他都好好地收了起来——他相信等彤彤长大一些,女儿喜欢的标准就会发生变化,这些学习用具还会派上用场的。

家长比孩子更懂商品,更懂品牌,更懂实用性,但一定就能买到更适合孩子的学习用具吗?显然不是。想要买到适合孩子的学习用具,还要以孩子个人的意愿为主,否则会出现各种麻烦,甚至会影响孩子正常的学习状态和心理成长。

许多家长认为,孩子年纪还小没有太多的性别概念,在为孩子准备学习用具时往往会选择自己喜欢的、觉得跟孩子很搭配的东西。

其实不然,孩子虽然没有形成性别概念,但是对男孩子和女孩子的爱好也有自己的概念。举个最简单的例子,从孩子看动画片上,我们就能发现明显的差异——男孩子大多喜欢有猛兽、有机器人的动画片，女孩子则普遍喜欢有可爱的小动物或是仙女的动画片。

如果你不明白这一点，在选购学习用具的时候选错图案，就会给孩子造成困扰。例如，对于一年级的小男生来说，背一个有可爱动物图案的书包，在成年人眼中并没有觉得有什么不合适，但是对孩子来说，他就会觉得很不舒服——当同学们彼此熟悉起来以后，他就会听到"这个男生怎么背着女生的书包"这样的议论。

孩子是单纯的，善意很单纯，恶意也很单纯。因男孩背着一个"女生的书包"而遭受同学排挤不是不可能的，而女孩背着一个有变形金刚图案的书包，也可能有相同的遭遇。

和孩子一起购买学习用品，还能培养孩子果断选择的能力。

如今，很多人自嘲有选择困难症，面对雷同的物品总是难以决定要选择哪个。其实，有这样问题的人，可能是因为他在小时候没有机会做出选择，一切都由父母包办。

当孩子成为小学生，就意味着他正式进入学习之旅，不仅要学习知识，还要学习如何面对生活。面对琳琅满目的学习用具，孩子要做出自己的选择，究竟哪个是他最喜欢的，哪个是最适合的。当孩子成为小学生以后，他离开家庭的时间就会越来越长，独自面对问题的时候也会越来越多。越早培养孩子做出选择的能力，就越能让孩子尽快产生独立意识，形成独立思考、独立判断事物的能力。

和孩子一起准备学习用具，可谓好处多多。家长不仅可以知道孩子的喜好，还能培养孩子的独立能力，这远比替孩子包办得到的好处多得多。因此，家长一定要牢记，上学的是孩子，要用到这些学习用具的也是孩子，让他自己做选择。

◇ 生活需要仪式感

人们常说生活需要一点仪式感，因为有了仪式感，才能更加尊重生活、珍惜生活。那么，孩子需要仪式感吗？其实，孩子比成年人更加需要仪式感。

成年人的仪式感，即便是持续地坚持下去，更多时候是为了说服自己、尊重自己的努力——能否持续，完全存乎一心。对于孩子来说，培养好的生活习惯，就是为他将来的人生打下良好的基础；而生活中的仪式感，则是培养孩子养成良好生活习惯的重要环节。

杨纯是一名大学生，认识他的人都知道，虽然他相貌平平却有着一口非常好的牙齿，不仅整齐而且洁白。听他说，他从小到大都没有遇到过牙齿问题。

每当有人问杨纯是如何把牙齿保护得这么好，杨纯的答案只有一条，那就是好好刷牙。实际上，杨纯小时候和大多数孩子一样，并不喜欢刷牙。

小时候，妈妈就试图培养杨纯好好刷牙的习惯，给他买了漂亮的儿童牙刷、水果口味的牙膏、漂亮的杯子。但是这一切都难以唤起杨纯对刷牙的热情,每次刷牙时都是随便刷几下,草草了事。

当妈妈监督杨纯刷牙的时候,他就把速度放得飞快;妈妈再要求他重新好好刷牙时,他就会耍赖发脾气。如果当天父母有事忘记了监督他刷牙,他干脆就不刷了,直接睡觉。

一天晚上,到了该睡觉的时间,在妈妈的提醒下,杨纯准备去刷牙。今天妈妈不打算监督他刷牙,于是他决定随便刷几下就去睡觉。没想到,爸爸明天要起早去火车站接一位外地来的同事,要早睡。破天荒的,杨纯要跟爸爸一起洗漱刷牙,这对杨纯来说可是个新鲜事。

杨纯的爸爸由于工作关系,每天都是早出晚归,两人几乎没有同时洗漱的机会。突然间打破往日的生活规律,这让杨纯很是兴奋。于是,在跟爸爸一起刷牙的时候,他甚至调皮地模仿起爸爸刷牙的动作来。

这一天,杨纯刷牙刷得非常仔细、认真,让妈妈很是惊讶。

即便知道了孩子认真刷牙的原因,但这个方法难以一直用下去,毕竟爸爸每天忙于工作,不可能每次都跟杨纯一起刷牙。于是,爸爸就想出了一个办法,那就是让刷牙这件事情变得有仪式感——爸爸教了杨纯一套"刷牙操"。

这套刷牙操就像广播体操一样,分成几个不同的小节,但每个小节都只有短短的十几秒钟,所以做起来节奏很快。如今,杨纯已经不记得爸爸当时教他的口诀是什么了,但是他还记得最开始的时候自己总是做错,因为自己刷牙刷得实在太快了。之后,每天做刷牙操成为杨纯要面对的一个挑战,只有完全不做错才算是成功。

一段时间以后,杨纯已经把这套刷牙操练习得非常纯熟,它从一个挑战变成一种仪式——每天早上刷牙的时候,杨纯都会习惯性地做刷牙操,用来象征自己在这次挑战中获得了成功。就这样,仪式又变成杨纯难以改变的习惯,一直持续到现在。

生活要有一点仪式感,成年人需要仪式感,孩子同样需要。仪式感可以让孩子意识到,生活中的某些事情和其他事情是不一样的。

孩子成为小学生,就说明他随意的生活要结束了,他需要认真面对接下来的人生,学习知识成为优秀的人。

想要让孩子明白这一点,通过讲道理的方式很难实现——毕竟孩子还小,无论他多么聪明、有多少自己的见解,也很难理解上学这件事情的重要性。因此,家长不妨让上学这件事情充满仪式感,让孩子意识到上学和生活中的其他事情是不一样的,需要给予格外重视。

仪式感有助于让孩子养成良好的习惯。对孩子来说,在上学之前,他被强制要求做的事情并不多,更多情况下,他处在一种无忧无虑、自由自在的状态,无论是玩耍,还是看动画片、玩电子产品,大多都能得到父母的允许。上学以后,孩子可自由支配的时间大大减少,尤其是老师布置的家庭作业,是孩子学习过程中非常重要的环节。

就拿写作业来说,如果家长能把孩子每天回家后要做的事情变成一种仪式,孩子就会逐渐养成习惯,将来也会更好地推进和保持下去。比如,每天放学后,孩子可以先和同学一起玩一会儿,到了晚饭时间要回家吃饭,晚饭后开始做作业,睡前还有时间的话就可以自由支配了。当孩子明白拥有自由时间之前的所有事情都是一种仪式,只有完成了这些仪式他才能自由活动的时候,良好的生活习惯就已经养成了。

仪式感是让生活中某件事情变得与众不同的方法,它能让孩子学会尊重所做的事情,养成良好的生活习惯、生活态度,也能让某件事情变得更加有趣。

家长想要让孩子明白他的生活和过去不一样了,那就让孩子的生活多一点仪式感吧。

◇ 爸妈搭配,干活不累

"丧偶式教育"是近年来出现的新名词,它一出现就得到了许多人的共鸣,众多家长认为一个人照顾孩子实在太辛苦了。实际上,受"丧偶式教育"影响最大的不是那个一直照顾孩子的人,而是孩子本身。

在孩子开始学习知识、了解生活常识并逐渐形成独立人格的过程中,他缺少父母中任何一方的陪伴,其童年生活都是不完美的——不管是父爱还是母爱,都无法替代"家庭"的真正意义。

想要培养出身心健康的孩子,家长需要花费的时间与精力是非常惊人的。如果父母能搭配起来,在照顾孩子上形成一种合力,教育孩子时就容易得多。那么，父母搭配形成合力教育孩子，究竟有哪些好处呢？

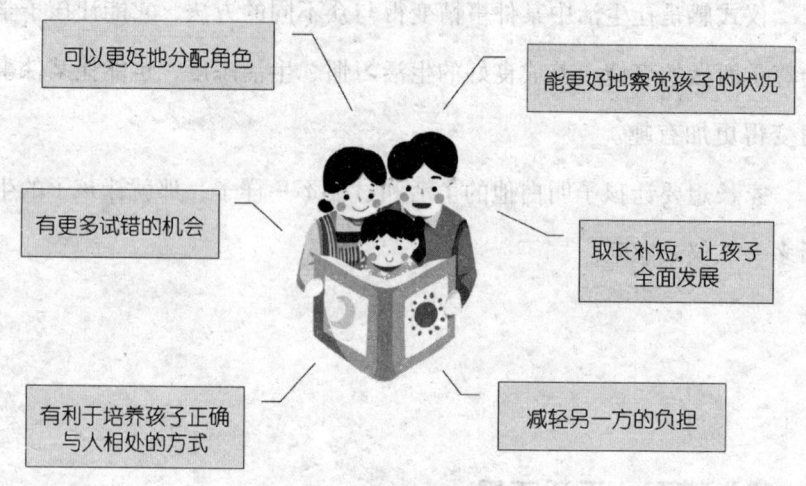

父母搭配教育孩子的好处

第一，在教育孩子的过程中，父母可以更好地分配角色。作为管理者，学会恩威并施是非常重要的手段之一。家长作为孩子的管理者，同样要做到恩威并施。但是对于孩子来说，他时常会出现不良情绪，如果红脸、白脸都是一个人唱，很难达到效果。而且，唱过白脸以后，孩子就会产生恐惧情绪，接下来的红脸就难唱了。等到孩子的恐惧情绪消失，家长的批评教育给其留下的印象就不那么深刻了。

小凡从小就是个温柔的姑娘，她有很强的同情心、同理心，很难做出让别人不舒服的事情。这样的性格，让她遭受过其他小朋友的欺负，也让她收获了许多朋友，因此，她始终不觉得这是个缺点。

小凡成家后有了孩子，她还是没有重视这种性格带来的后果。可是，等儿子茂茂到了该上小学的年纪时，她才觉得自己的性格很难教育好孩子。

"七八九，嫌死狗"，是说孩子到了这个年龄段就连狗都嫌弃，可想而知小凡一天要生气多少次了。但是，她始终没有什么办法能让茂茂真的害怕她，根本无法树立起家长的威严。即便她专门给茂茂制定了"家规"，在茂茂犯错的时候也无法执行——不给茂茂玩玩具？不让茂茂看动画片？只要茂茂用满含泪水的眼睛看着她，她就狠不下心来真的处罚茂茂。

一段时间以后，小凡觉得身心俱疲，茂茂也在小凡的放纵之下一天比一天顽皮。丈夫小周见小凡有些束手无策，就表示让他来教育茂茂，保证把茂茂身上的坏毛病矫正过来。

小凡对于丈夫还是很放心的，平常小周说一不二，脸上的表情也总是很严肃，平日里茂茂就听爸爸的话。

小周接手教育茂茂的工作后，每当茂茂不听话的时候，小周总是能毫不犹豫地按照家规惩罚茂茂——不许吃零食，不许看电视，不许玩玩具。无论茂茂是撒泼打滚哭闹，还是装可怜，小周都丝毫不更改决定。几天的时间，茂茂就规矩了许多。

但是，茂茂的改变，并没有带来完全是好的结果。原本爱玩爱闹的茂茂开始变得寡言少语，很少和父母说话，也不嚷着要出去玩了；放学回家写完作业，他总是找个地方自己待着。比如，小周下班回家后，他就尽量躲到爸爸看不到的地方，也不跟爸爸说话。

眼看着父子成了冤家，小周这才觉得单单靠自己进行高压教育也不是正确的方法。此时，小凡和小周决定共同来教育茂茂。

所以，在教育孩子的过程中，家长一个唱红脸、一个唱白脸的效果会更好。这不仅能够让孩子接受家长的教育，更有利于家长与孩子建立良好的情感联系。

第二，教育孩子的时候，拥有更多的试错机会。 由于孩子的思想成熟度与所思考的内容经常站在不同的点位，他的心思是很难被预测到的。加之孩子年纪小，沟通能力不强，在孩子出现问题时，家长有时也很难准确找到问题的关键点。

因此，单方家长与孩子交流的时候，双方经常会觉得话不投机，这就会让孩子的情绪更加低落，再想打开他的心扉就很难了。

如果父母都参与到对孩子的教育过程中来，他会产生多种思维方式，拥有更多的试错机会。也就是说，在父母中某一方与孩子的沟通出现问题时，另一方就有机会从相反的方向切入，与孩子建立正确、有效的沟通。

第三，父母一起教育孩子，有利于培养孩子与人相处的正确方式。 在孩子的成长过程中，社交行为是非常重要的。在求学生涯中，孩子要与老师相处，与同学相处；将来走上社会，还要与同事相处，与形形色色的人相处；最后组建了家庭，还要与对方的长辈相处，与对方的兄弟姐妹相处。这一切，都依赖于孩子拥有正常的社交能力。

平时，孩子接触最多的对象通常是父母，了解外界的方式更多的是模仿——学习父母之间是怎样相处的，其他小朋友是怎样与父母相处的，从而获得自己的社交经验。如果平日里孩子只能接触到父母中的一个，他的社交经验就会有所偏差。

例如，那些由父亲带大的孩子，在与女性的交往过程中就会出现一些不适应,表现得比较扭捏;那些由母亲带大的孩子,特别是女孩,在面对男性的时候就会表现出局促、紧张、羞怯。面对这种情况,孩子长大后只能从头积累社交经验,从头学习与人相处的方式。

第四,能更好地察觉孩子的状况。每个家庭都有自己独特的情况,父母在家庭中的分工和角色定位就不一样。这种不同的角色定位,会让父母在思考问题时采用不同的方式和角度,即便面对同一问题,也会产生不同的看法。

孩子可能遇到各种问题和困扰,或许来自学校,或许来自同龄人,或许来自老师,又或许来自家庭成员。如果参与孩子教育的只有一个家长,孩子看待问题难免有些片面。在孩子遇到困扰又难以主动向家长说明的时候,问题被发现的概率会大大降低。时间长了,小问题就会变成大问题,会对孩子造成不良影响。

第五,取长补短,让孩子全面发展。家长对孩子的期待,很大概率会成为培养孩子的重要方向。但每个人的天赋并不相同,家长的愿望,往往与孩子个人的天赋方向不一致。因此,在孩子刚刚接受教育还没有确定发展方向时,最好让孩子全面发展。

家庭教育发挥的作用,有时候比学校教育更重要。教育孩子时,如果父母只有一方参与进来,孩子很可能得不到全面发展,没有进行多种尝试的机会。

因此,父母都要参与进来,这样才能保证孩子有机会尝试更多的发展方向。有时候,孩子甚至能吸收父母双方的优点,成为比父母想象中更加优秀的人。

第六,减轻另一方的负担。教育孩子不是一件简单的事情,特别是在孩子成为小学生以后，教育孩子的任务就会变得更多，负担也会更重。

许多家长认为，抚养孩子最累的阶段是婴儿时期。其实不然。

在孩子还是婴儿的时候，的确是对父母的精力、体力严苛的考验；当孩子成为小学生后，父母更需要深入思考，将更多的心思花在孩子身上。毕竟小学是孩子思想、习惯、行为模式逐渐形成的阶段，甚至对其一生都会产生深远影响。

只有一方家长参与到孩子的教育中来，久而久之，这一方家长就会承担巨大的心理压力。如果不能经常得到放松，让紧张情绪释放出来，家长很容易进入焦虑状态，逐渐失去对孩子的耐心，这就让孩子难以从家长身上获得榜样的力量，也不利于亲子情感的建立。

只有家长双方都参与到教育孩子这件事情中来，共同承担压力，解决自己擅长的问题，才能让家长和孩子都抱有积极的精神状态，确保孩子能得到父母正常的关爱。

孩子是属于整个家庭的，父母双方共同教育孩子，不仅对孩子的全面发展有好处，而且为父母双方、整个家庭都能带来正面影响。所以，请避免"丧偶式教育"，让孩子多感受父母双方的爱吧。

◇ 给孩子准备一间小书房

个人空间和隐私，是如今人们越来越重视的问题。对于孩子来说，个人空间也是他不可或缺的一部分。从广义上说，个人空间不仅是物理空间，也指心理上的私人领地；从狭义上来说，个人空间是一个属于自己的，可以肆无忌惮表现自己、宣泄情绪的地方。

为孩子提供一个属于他的个人空间，是许多家长在孩子刚刚出生时就已经作好准备的任务——这不仅是因为孩子长大后需要拥有自己的个人空间，父母同样也需要。孩子有了自己的房间，就有地方储存属于他自己的东西，还能学着整理房间，增强自理能力。更何况，当孩子在外面受了委屈，或与父母发生冲突时，他也需要一个能为自己提供安全感的地方。

在生活中，个人空间有助于孩子的心理健康成长。那么，在学习上呢？许多家长选择在孩子的房间里放上一张书桌，将孩子的学习空间和生活空间合二为一。这样的确能起到节约空间的作用，效果却远不如给孩子准备一间小书房。

赵程的孩子赵冬今年已经上小学了，在赵冬刚刚出生时就拥有了自己的房间。随着赵冬逐渐长大并要上小学了,生活房间又变成了书房——赵程在赵冬的房间里增添了书桌、书架、学习台灯等用品。

赵冬上了小学以后,每天吃过晚饭,他就会回到自己的房间完成家庭作业。等到家庭作业完成以后,他会到客厅和父母一起看一会儿电视。对于生活的这些变化,赵程充满了成就感,认为儿子正在健康成长。没想到,一段时间以后,班主任李老师给赵程打来了电话。

李老师告诉赵程,赵冬作业的完成情况并不是很好,处于三天打鱼,两天晒网的状态。为了让赵冬养成良好的学习习惯,李老师认为赵程应该监督赵冬完成家庭作业,不管完成的质量如何,至少要把作业写完。

赵冬没有完成家庭作业,这让赵程觉得非常奇怪。明明赵冬每天都会回到房间写作业,他怎么就没有完成呢?

想要解决问题,就必须先弄清楚事情的前因后果——与其贸然地批评儿子,不如先观察一下儿子是怎么写作业的,到时候再找解决问题的方法。为此,赵程启动了多年都不曾用过的婴儿监护器。

通过一晚上的观察,赵程找到了赵冬没有完成作业的原因。原来,赵冬从小就活泼好动,注意力不能长时间集中。在主观意愿上,他是愿意写作业的,但是打开作业本写上一小会儿,他的注意力就会转移到其他地方。这时候,他就会拿出课外书看一会儿,或是找出玩具摆弄几下。

时间不知不觉过去了,对于简单的作业,赵冬能够完成,而对于稍微难一点儿的作业,他就完不成了。

对于赵程来说，解决这个问题其实并不难。因为儿子小时候就存在同样的问题——只要拿走那些能长时间占用儿子注意力的东西，即便他的注意力难以长时间集中，但过上一小会儿，他又能回到课桌上开始写作业。

第二天，赵冬上学以后，赵程把家里的杂物间简单收拾了一下，之后把赵冬的课桌、椅子、书架等搬了进去。这里没有玩具，也没有课外书，相信能帮助赵冬很好地完成作业。

果然，其效果立竿见影。虽然刚开始时赵冬并不能接受这个现状，但是他在一周后就能很好地完成作业了。

孩子的注意力不集中，这不是个别现象，许多孩子身上都存在这样的问题。孩子在儿童时期有过于活泼好动的表现不是什么坏事，随着孩子逐渐成长，加上父母的有意纠正，大多问题能够得到解决。但小学是培养孩子学习习惯的关键时期，是为他的人生发展打下基础的阶段，如果这时我们不能让孩子养成良好的习惯，将来他可能会面临许多烦恼。

一间专属于孩子的书房，起到的作用可能远比家长时刻监督的效果更好。

专门的书房，还可作为让孩子生活有仪式感的组成部分。我们之前说过，生活中要有一些仪式感，它可以让孩子意识到某件事情是重要的，某段时间是特别的——书房的出现，会让孩子意识到，坐在书桌前完成的事情和做其他事情不一样，无论是开始一段正式的阅读还是完成家庭作业，都需要给予特别的重视。

准备一间专门的书房，归根究底是为孩子营造一个安静、不被打扰的空间，因此，能让孩子分心的东西不应该出现在书房里。家长不仅要自己注意，还要留意孩子不能把影响学习的东西带进去。

◇ 加油，和孩子一起成长

孩子成为小学生，这是他成长路上的一个重要节点。这个节点象征着孩子的身份发生了变化，拥有了属于自己的社会角色，有了更多的责任和义务，也因此享有了一定的权利。

在这一过程中，成长的不仅只有孩子，家长也要随着孩子一起成长。这种成长，不仅代表家长需要为孩子做的事情更多了，还意味着其他方面的种种变化。如果家长没有注意到这一点，只有孩子自己在成长，家长就会落在孩子的后面，不能完成作为学生家长应有的转变。那么，孩子与家长的关系就会发生变化，不利于他们亲子情感的沟通与交流。

家长最需要转变的观念，就是对孩子的看法。许多家长一生当中都不曾觉得自己的孩子成熟了，即便孩子是成年人了，甚至已经成家立业，在父母眼中他仍然是个孩子，或是想要干涉孩子的生活，或是不赞同孩子的某些看法和做法。

父母的这种想法显然是不对的，且不说不同的人对不同的事物有不同的看法，这里单说孩子并不是父母的附属品，而且孩子的成长过程就是他在逐渐独立并获取一定的权利。当孩子从家庭走出去成为小学生，这时也象征着他的人生新阶段开始了。

既然孩子已经迈出这一步，家长就应该给予孩子相应的尊重，不仅是尊重孩子新的社会身份，更是因为孩子会开始向家长寻求这份尊重。

都说女儿是父母的贴心小棉袄，宋冰觉得自己家的"小棉袄"小茵上了小学以后变得越来越不贴心了。过去，宋冰一直以女儿为傲，因为小茵经常表现得比其他同龄人更加聪明。

在上幼儿园的时候，小茵就已经认识了很多字，能背诵许多首古诗。每当家里有客人的时候，宋冰就会让小茵在客人面前表现一下。更让宋冰欢喜的是，小茵不仅聪明，而且听话。在小茵还小的时候，宋冰就刻意培养女儿的服从性，经常让小茵帮她做一些事情。虽然孩子小根本帮不上什么忙，但是她有所行动，就说明她是个勤快、乖巧的好孩子。

小茵上了小学以后，宋冰发现女儿变得有些不听话了。每天放学以后，小茵好像比她这个当妈妈的还要忙。过去，小茵从来不会拒绝她的要求，现在叫小茵来帮忙的时候，小茵经常说自己有事情要忙。

宋冰倒不是真的有什么事情非要小茵去做，只是小茵的态度让她感觉很不开心。几次以后，宋冰开始有些恼怒，认为需要好好管教一下女儿了。

一天,小茵早早吃完晚饭就回到房间写作业了。宋冰吃完饭以后,就喊小茵来帮她一起收拾餐具。没想到,小茵说自己正在写作业,餐具先放着,一会儿写完作业她再来收拾。

宋冰有些忍无可忍,对着小茵大发雷霆:"你到底是怎么回事,上学以后变得这么不听话了!"过去,小茵最怕妈妈发脾气,但这一次,她不仅没有马上乖乖听话,反而把房间的门关上并上了锁。

这个情况,宋冰从来没有碰见过,甚至这个场面都不曾出现在她的想象里。她一时呆住了,反而有些手足无措起来。

过了一会儿,小茵打开房门走出来,真诚地对宋冰说:"妈妈,我如今已经是一名小学生了,每天有自己的事情要去做。我不是不愿意帮妈妈做事,只是那些不是特别紧急的事情,我要优先完成自己的事情后才能帮妈妈去做,希望妈妈能够理解。"

小茵的成熟表现,让宋冰大吃一惊,心想:或许是时候思考一下自己与逐渐长大的女儿该如何相处了。

和孩子一起成长,最重要的一点就是能接受孩子的变化。在孩子逐渐成长的过程中,家长对孩子的控制力越来越弱。过去,家长说的话是金科玉律,但在孩子成为学生以后,他会开始质疑这些话是否正确、家长的命令是否合理。

这是孩子产生独立意识的表现,也是孩子走向独立的重要环节。因此,家长和孩子相处的方式、沟通的方式都要有所变化。

沟通这件事,是需要家长特别注意的,只有做到流畅、有效的沟通,才能保证家长全面地了解孩子,更好地为孩子提出建议。

过去，家长对孩子提出要求往往不需要理由——家长说完，孩子去做，整个流程就完成了。但在孩子成为小学生以后，他逐渐掌握了科学的学习方式，多问几个为什么也逐渐成为他做事情之前的一种习惯。因此，家长想要让孩子做什么事情，就要让孩子知道为什么要做，这样做的价值在什么地方。只有家长能够给出足够的理由，孩子才能真正学到东西，才会更愿意去做。

让家长失去对孩子的控制力，除了随着孩子逐渐成长形成的独立意识外，老师的介入同样是一个重要因素。

在上小学之前，家长对于孩子来说就是唯一的权威，孩子的生活习惯、行走坐卧等种种常识都来自父母的教育。当孩子成为小学生以后，他生活中的权威人士又多了老师，甚至在有些孩子的心中，老师的权威性要远远高过家长——相比家长，他们更愿意听老师的话，对老师有更强的服从性。

面对这种情况，家长要保持平常心。老师不会从你的身边夺走你的孩子，只是在孩子成长过程中必然会出现的一个有影响力的人物。因此，家长要逐渐接受越来越多的人出现在孩子的生活里，成为他重要的他人；要逐渐接受孩子有更多的想法，不再对自己言听计从。

对此，家长要跟随孩子的脚步，陪伴孩子一起成长，逐渐接受自己的角色转换，才能给予孩子更多的帮助。

/ 第二章 /

成为受同学欢迎的人

　　小学是孩子学习速度最快、形成独立人格的重要阶段。这一阶段能决定孩子许多方面的事情,其中就包括社交方式和在社交地位上的自我认知。如果孩子从小学就受欢迎,那孩子就会认为自己各方面都是优良的人,这种感觉可能会伴随孩子一生。

◇ 有实力比什么都强

达尔文的进化论有一个非常重要的生物演变原则,那就是"物竞天择,适者生存"——优胜劣汰的丛林法则,是一切生物发展都需要遵守的规则。虽然文明的人类社会在社会道德与法律的约束下,基于正义和公平的准则,这种情况大大减少,但竞争仍无处不在。

其实,学校也是一个小型社会,孩子成为小学生以后,他们想要被更多的人喜欢、交到更多的朋友,一味地去合群是行不通的。

赵通从小就是个不太爱说话的孩子,用时下流行的一个词语来形容这种情况,即"社交恐惧症"。长大之后,住校生活让赵通有了更多了解同学的时间与机会,他的这种情况才有了一定的好转,也让他在中学、大学有了几个相当不错的朋友。

每当回想起自己小时候的经历时,赵通总是有一种孤独感。因此,在赵通有了儿子聪聪之后,他认为自己要从小培养聪聪待人接物的能力,绝不能让自己小时候的经历在聪聪身上重演。

聪聪喜欢一个人待在家中,活泼好动,勤劳憨厚,几乎和赵通一模一样。但问题就出现这一模一样上——赵通发现聪聪也不善言谈,很难和同龄人交上朋友。更加尴尬的是,赵通和妻子在这方面都没有什么经验,很难为聪聪提供正确的建议。他们只能告诉聪聪,让他多和同学一起玩,别欺负别人,也别让人欺负了;要融入集体之中,不要老是一个人玩、一个人做事情。

聪聪是个听话的好孩子,牢牢记住了赵通的话,并且坚决地执行。

每隔一段时间,赵通就会询问聪聪在学校的生活情况。每当谈起交朋友这件事情,聪聪就有些垂头丧气,因为他经常来往的同学也就是每天放学能一起走上一段路的那么几个,也谈不上有多么热络。

又过了一段时间,体育老师发现聪聪在运动方面很有天赋,特别是在踢足球方面,聪聪跑动灵活,速度很快,体力又好,是个非常出色的苗子。但是,聪聪好像有什么心结似的,每次有展现自己的机会时都有些挣扎和退缩。

一次体育课结束以后,老师找到聪聪,好奇地问他:"聪聪,老师看了刚才的足球比赛,觉得你踢得很厉害啊。但是,刚才明明有个很好的进球机会,你为什么把球传给队友了呢?还有几次,如果你再跑得快一点儿就能冲过对手的防线,为什么要停下来等其他同学呢?"

聪聪想了一下才对老师说:"爸爸说,我要经常和同学在一起玩才能交到朋友,如果我表现得不谦虚,就不会有人喜欢我。老师,难道我做得不对吗?"

这时候,老师才恍然大悟,怪不得聪聪在球场上相比进球更喜欢传球,还经常往人堆里面钻。老师告诉聪聪:"你爸爸说得没有错,确实要多跟同学在一起玩才能让人喜欢你,你才能交到更多的朋友。但是,人人都喜欢优秀的人,都喜欢跟厉害的人在一起。你说自己很优秀是不谦虚的表现,而真正的优秀是会让他人更加喜欢你的。不信,下次你可以试试表现得厉害一点儿,多进几个球,你很快就能交到许多朋友了。"

聪聪对老师的话半信半疑,但既然老师这样说了,自己不如痛痛快快地去玩,然后再看看老师说的对不对吧。

在接下来的一周,聪聪完全释放了自己在球场上的过人天赋,每场比赛都能进球,表现非常耀眼。接下来,每次踢足球要分队的时候,聪聪都是两边队员要争夺的对象,不知不觉间,他在班级中就有了许多朋友。后来,他还进入了学校的足球队,在学校颇有名气,想要和他交朋友的同学就更多了。

喜欢表现自己是人类的天性。从有思想开始,我们就会通过各种各样的表现吸引别人的注意力,这是很自然的行为。在家庭中,孩子会通过表现获得家长的关注;在学校里,他也需要获得老师和同学的关注。有些时候,为了获得这些关注,孩子甚至会使用一切办法,不论对错。

不过,孩子这种想要积极表现自己的态度,与我们传统美德教育中的谦虚略有冲突。毕竟孩子还小,很难把握表现与炫耀之间的尺度,容易让人产生"这个孩子有些自大"的感觉。所以,许多家长为了让孩子符合彬彬有礼这一标准,就会压制孩子的表现欲。

成年人在交朋友的时候会有自己的标准,但无疑人人都喜欢优秀的人，喜欢跟那些有实力的人来往，甚至有些人将对方当成自己可以利用的对象，从社交开始就抱着不单纯的目的。

孩子在交朋友的时候，虽然不会有那么复杂的心思，但被优秀的人吸引也是一种本能——那些体育成绩好、学习成绩好、长相好看的孩子，往往能比他人更容易交到朋友。

因此，家长想要让孩子交到朋友成为受大家欢迎的人，就不能将孩子的表现欲压制得太狠。孩子有才华，就要鼓励他努力地去展示；孩子有比他人更优秀的地方，就要让他人看见。当然，家长要把握好尺度，不可放纵孩子肆意夸耀，以免孩子成为傲慢、自大的人，这与我们让孩子受欢迎的目的有些背道而驰。

◇ 有趣的灵魂是最大的吸引力

"好看的外表千篇一律，有趣的灵魂万里挑一。"这是当下很流行的一句话。

在信息爆炸的时代，人们想要用心装扮自己的外表，与过去相比变得容易得多。但是，想要不断地提升自我，成为更加优秀的人，不是那么容易。人人都说这是一个"看脸"的时代，实际上，在人际交往中，内在美的重要性并没有被削减，反而变得越来越重要。

在成年人的世界中是如此，在孩子的世界中也是一样，特别是在学校，它并没有很多可以让孩子改变自己外在的空间。因此，想要在人际交往圈子中让孩子成为受欢迎的人，要注重提升孩子的内在品质，让他拥有有趣的灵魂才是真正的途径。

想要让孩子拥有有趣的灵魂，最重要的就是让孩子拥有广阔的心胸。在人际交往中，求同存异是非常重要的，特别是对孩子来说，他们的童年经历大不一样，个人意识正在形成，在与同龄人沟通的过程中出现不同的见解再正常不过。不过，表达自己的见解固然重要，但良好的交流气氛才是建立正常人际关系的基础。

这是因为，无论沟通的内容多么有益于双方、会带来多大的好处，在尴尬、严肃、不太友好的气氛中，双方是很难成为朋友的。只有双方都能保持自己的底线，在底线之外尽量寻找相同之处，才能让彼此的沟通是自然、友好的。

这就是说，孩子的心胸开阔，允许别人对自己产生质疑，会降低他和他人发生争执的可能，也利于和同龄人交上朋友。

有趣的灵魂，也离不开广阔的眼界和强大的想象力。成年人在与他人来往时，有些是基于利益的驱动，有些是因为有相同的爱好，有些则是因为相处起来有相当高的默契度，彼此感觉非常舒服。

但对于孩子来说，吸引力远在这些之上。孩子越小，他对这个世界的认知就会越弱，因此，在不断认识这个世界的过程中，孩子会充满好奇心，经常会问"为什么"。如果孩子总能给他人带来新鲜感，说出一些吸引他人想要了解更多事物的话、能解答他人的疑问，一定会有更多的人想要和他成为朋友。

刘伟的女儿莹莹开始上小学了，对于女儿的交友问题，他毫不担心。莹莹性格开朗、大方，又有一股自来熟的劲头儿，在上学之前，她就已经认识了小区里的所有孩子。

等到上学以后，每天在餐桌上听女儿叽叽喳喳地谈论今天哪个同学发生了什么事情，已经成为刘伟和莹莹交流的重点内容。到了一年级下学期，班级重新安排座位，过去经常出现在莹莹口中的几个同学不见了，取而代之的是一个名叫宫旭的孩子。

宫旭这个名字出现在莹莹的口中并不稀奇，因为每次调换座位认识新同学，莹莹都要念叨上几天。但是这个宫旭不同，他出现在莹莹口中的时间已经超过了一个月。看来，这个新同桌深得莹莹的喜爱。

由于莹莹还是小学生，刘伟并不担心宫旭会成为女儿的早恋对象，但他出现的频率如此之高，也让刘伟情不自禁地对这个孩子产生了好奇心。于是，刘伟想了一个办法，就让莹莹不妨选一个周末请宫旭同学来家里做客。

对于爸爸的邀请，莹莹觉得十分诧异，邀请同学到家里做客可是一项前所未有的活动，于是，她就兴高采烈地答应下来。一个周六，莹莹真的把宫旭请到了家里做客。

宫旭留给刘伟的第一印象并不惊艳。这个男孩个子不高，看起来有些瘦小，说话声音不大，打招呼时脸上带着一丝羞怯的笑容。就是这样一个普通的孩子，竟然成为莹莹最好的朋友，熟知女儿性格的刘伟有些不敢相信。直到宫旭和莹莹开始聊天的时候，刘伟才明白宫旭为什么这么快能成为女儿众多朋友中最被重视的那一个。

如果用一个词来形容宫旭，"博学"这个词是最先出现在刘伟脑海中的。虽然他觉得将这个词用在一个刚上一年级的孩子身上很奇怪，但他还是毫不犹豫地下了定论。

刘伟发现，说是宫旭在和莹莹聊天，实际上，绝大部分时间是宫旭在给莹莹讲故事。这些故事包括神话、历史、天文，虽然内容并不精深，但对一个一年级的孩子来说已经足够有吸引力了。

在宫旭准备回家的时候，刘伟终于按捺不住提出了自己的疑问："刚才那些故事，你是从哪里知道的？"

宫旭脸上露出不好意思的笑容，说："都是从少年儿童百科全书上看来的。"

刘伟大为震惊："你这么小，父母就让你看百科全书了？"

宫旭更加不好意思了，回答说："我在书店偶尔看到了，觉得里面的图画很好看，就缠着妈妈买了。最开始，里面的字有一多半我都不认识，现在也是一边查字典一边看的。"

宫旭的话，马上让刘伟想到另一件事情："你现在是不是认识很多字了？还需要上语文课吗？"

宫旭很认真地说："虽然语文课教的字我都认识，阅读课文也没有什么问题，但很多字我只是在读课外书时认识的，如果要我写的话，我就写不出来了，我还得认真学习。"

刘伟震惊于宫旭的博学程度，更震惊于他与成年人交流时有条不紊的素养。这时候，他才明白，为什么女儿会把宫旭当成自己最好的朋友了。

有趣的灵魂有着强大的吸引力，这是许多人跨越社会地位、性别、年龄与他人交友的原因。当人有了有趣的灵魂以后，即便他还是个孩子也能散发出强大的吸引力，让人情不自禁地想和他成为朋友。

◇ 教孩子如何选择适合自己的朋友圈

人以类聚，物以群分，这是自古以来就被人们广泛认可的道理。但是，同类人是怎么聚集起来的呢？答案是，大多数人在与他人接触、认识过后，会通过自己的判断来选择那些更加适合来往的人。而有些人则通过种种条件进行筛选，加入或者组织同类人的一个群体。

成年人交友的方法对于孩子来说并不适用，因为孩子缺少对接触到的人的判断能力。只有认识相当数量的人以后，孩子才能从中选择让自己相处起来比较舒心的人，形成自己的朋友圈。

因此，让孩子主动选择朋友其实是很难的，有些孩子连准确说出自己喜欢什么样性格的人都是问题，更别说加入陌生的朋友圈或是组织适合自己的朋友圈了，这都需要相当强的行动力。

为了保证孩子拥有正常的社交圈子与社交状态，家长需要适当介入，教孩子如何选择适合自己的朋友圈。

由于工作调动，薇薇和丈夫从原来居住的城市搬到了天津。从一座城市搬到另一座城市，意味着过去的许多人际关系会发生变化，有些朋友只能在很长时间以后才能见上一面。当然，这样的状况不会持续太久，成年人在生活和工作中结识一些志同道合的新朋友并不是什么难事。但是，对于薇薇的儿子小宇来说，他的朋友圈就发生了天翻地覆的变化。

以前，每天放学回家以后，小宇都会下楼和小区里的其他孩子一起玩耍，直到爸爸下班回来再一起回家吃晚饭。搬家以后，薇薇发现小宇不愿意出去玩了，每天放学后就在家里读读书，再看一会儿电视。如果是小宇真的改变了自己的爱好，从喜欢动变成喜欢静，这也没有什么大不了的，但薇薇能明显感觉到小宇并不开心。

由于担心儿子出了什么问题，薇薇主动找到小宇询问情况，这才得知了小宇不愿意或者说不喜欢出去玩的原因。

原来，之前小宇有不少同学跟他住在同一个小区，每天放学以后，大家就一起在小区里玩耍，无论是玩球还是捉迷藏，小宇都能找到玩伴。但是搬家以后，这个小区的住户以老年人居多，小宇新认识的同学也只有寥寥几个，而这几个同学并不喜欢户外活动，他们每天放学以后都会聚集在一个同学家里做模型，其中一个同学甚至拼出了一艘漂亮的木头船。

这在薇薇看来并不算什么大事，反正都是玩耍，玩什么还不一样呢？于是，薇薇对小宇说："那妈妈也给你买模型，你去跟同学一起玩不就行了？你是喜欢军舰，还是喜欢飞机？买机器人也可以。"

没想到，小宇果断拒绝了妈妈的提议："都不要，我不想拼模型,只想踢足球。每天不是坐在教室里就是待在家里,都要闷死了,放学后还要我去玩模型,还不如在家里看电视呢……"

看着闷闷不乐的小宇,薇薇突然想到隔壁还有个小区,经常看到有几个和小宇差不多大的孩子在一起玩球,她就向小宇提议说:"隔壁小区有几个玩球的孩子,你放学以后可以跟他们玩一会儿,让你爸爸下班的时候带你回家。"

小宇摇摇头说:"我早就问过了,我的同学没有一个是住在隔壁小区的,那些都是其他班级的同学,我不认识。"

小宇的话把薇薇逗笑了,这就是典型的孩子思维,谁说不是同班同学就不能在一起玩了?薇薇鼓励小宇说:"没有人规定你只能跟班级里的同学一起玩,以前你们一起玩的也有其他年纪的同学呢……去玩吧,玩上几天,大家就都认识了。"

薇薇的话让小宇豁然开朗。几天以后,小宇就跟隔壁小区的几个孩子打成一片,性格也变得开朗多了。

孩子的思维是很单纯的,他们经常会提出种种奇怪的问题。就好像小宇一样,认为不认识的同学就不能在一起玩。这时候,就需要家长的建议和指导,帮助孩子打破种种本不该存在的限制,帮助孩子拓展朋友圈。在这一过程中,以下两个问题是需要家长特别注意的。

第一,要让孩子知道自己有选择朋友圈的权利。

很多孩子只愿意跟自己熟悉的人一起玩耍、做朋友,即便这个圈子不适合自己,他也会因为圈子里都是自己认识的人而勉强加入进去。这对孩子来说并没有好处,反而极有可能因为要融入圈子,最后他们会被迫做一些自己不喜欢、不擅长的事情。

类似小宇遭遇的问题，如果家长没有给出合理的建议，小宇很有可能在一段时间以后选择加入做模型这个同学圈子。虽然做模型没有什么不好，但这与小宇的本性是相悖的，久而久之，他很有可能会成为一个做什么都感觉无聊的人。现在小宇找到了一些志同道合、能一起玩球的同学，将来他或许会成为一名运动健将。

家长还需要告诉孩子，他不是只能通过同学关系去交朋友，也不必委屈自己去做自己不喜欢的事情，只要选择自己喜欢的圈子加入就可以了。

第二，让孩子明白，不管交了什么样的朋友，有些规矩是要恪守的。

不同的家庭有不同的情况，孩子就有了不同的生活习惯。为了保证孩子养成良好的自律习惯，家长必须要向孩子强调，玩耍过头不是忘记了回家时间的理由，不要说圈子里其他孩子能玩耍多少时间，也不要谈大家可以去哪里玩耍，自己家的规矩是一定要遵守的。

如果其他孩子玩耍的时间和地点让家长实在没有办法接受，就只能劝说孩子换一些约束力强的朋友一起玩耍，确保自家的规矩能够坚决地执行下去。

当然，如果家长给出的时间和地点与孩子所有能接触到的朋友圈都不重合，那家长就需要进行反思，看看自己定得规矩是不是太苛刻，导致孩子出现了社交障碍。

◇ 鼓励孩子积极参与班级事务

每个集体之中都需要有一名管理者，在学校班级中，这名管理者自然就是班主任。然而，由于班级里人数多，加之学生的年龄偏小，班主任对每件事不可能面面俱到，在管理上就会出现一些问题。

所以，班主任会把部分管理权下放给班级中值得信任且有号召力、领导力、特长的学生身上。这样，有些学生成为了班级干部，而有些学生虽然没能成为班级干部，但也获得了展示自己的机会。

让孩子参与班级事务有许多好处，其中一项就是，能让他在班级中变得更受欢迎。而且，无论孩子参与的是什么班级事务，它一定会对孩子其他方面有所帮助。

苗苗是个文静、内向的小姑娘，虽然不惧怕与陌生人来往，但在与同龄人交流时总是表现得有些木讷。

杨雯很担心女儿上了小学后交不到什么朋友，果然，苗苗上学以后很少提起和同班同学一起玩的事情。每天放学回到家里，她总是乖乖地写作业，写完之后就和爸爸、妈妈一起看电视，按时上床睡觉。久而久之，杨雯担心女儿因交不到朋友而孤独地度过整个小学生活。

杨雯找了个机会询问苗苗在学校的交友情况，果然，她在班级里除了同桌之外就没有别的朋友。于是，她向女儿建议，不妨多参与一些班级事务。苗苗对此很不理解，问道："为什么我要主动参与班级事务呢？如果有需要我的地方，老师不就告诉我了吗？"

杨雯语重心长地对女儿说："班级的全部事情，老师不能面面俱到，更不可能了解到每个同学的喜好。你要主动帮助老师做一些事情，做一个有责任心、对班级有帮助的好孩子。"

苗苗没有多想，只是点点头答应了下来。

杨雯没有直接跟女儿说自己是担心她在班级里交不到朋友才这么说的，如果她说了，女儿一定会对她的说法嗤之以鼻，说妈妈是杞人忧天。没错，"杞人忧天"是苗苗刚刚学会的成语，她一定会想办法用上的。

过了几天，苗苗告诉杨雯，她听了妈妈的话后主动跟老师申请要做班级的卫生委员。这让杨雯有些意外，孩子不是更喜欢当班长、学习委员或者是文艺委员之类的吗？怎么女儿找了个干活和监督别人干活的差事呢？

杨雯带着一脸的疑问看向苗苗，苗苗说："你不是说让我承担一些责任，做对班级有帮助的事情吗？班长、学习委员等职务都有人抢着做，只有卫生委员没有人愿意当，我就自告奋勇了。"

杨雯不想打击女儿的积极性，就点头同意了。

一天放学时，突然下起了大雨。平日里，杨雯都是在校门口等苗苗放学，今天苗苗上学时没有带雨伞，她只好去苗苗的班级接她。没想到，她看到的女儿跟自己想象中的完全不同。

此时，苗苗正在帮一个男生扫地，一边扫还一边指挥那个男生，说哪里扫得不够干净。那个男生不仅没有生气，反而一副很听话的样子。苗苗手脚利落，扫完一处后，又去跟擦窗台的那个女生说话。那个女生一面听着一面点头，擦窗台的动作看起来又仔细了一些。

此时，苗苗扭头看见了妈妈，就大声对所有打扫卫生的同学说："我妈妈来接我了，咱们得抓紧时间打扫了。不过大家可要打扫得干净一点儿，别让班级的卫生红旗丢了。"说完，她朝着妈妈摆摆手示意等一会儿，又干起活来。

她们回到家吃晚饭的时候，杨雯忍不住问苗苗："今天做值日时看你在跟同学聊天，那个女生是你的朋友吗？和你的关系好吗？"

苗苗得意地抬起头，说："怎么样才叫好？现在我跟整个班级同学的关系都挺好的。"

杨雯皱了皱眉，觉得苗苗在敷衍她，说："瞧给你厉害的，一个人一般有几个经常一起玩的好朋友就很不错了，就你跟全班同学的关系都不错。"

苗苗似乎听出妈妈语气中的疑问，认真解释说："我真的跟全班同学的关系都挺好的，每组同学值日的时候，我都要帮助他们、监督他们，这是我做卫生委员的职责。"

杨雯皱着的眉头舒展开了，仔细想想的确是这么回事。即便是小学生，他们也会因为各种各样的共同点，抑或是地缘关系、距离关系结成一个个的小圈子。自己的女儿不一样，因为每个同学都要轮流做值日，都有很多和她接触的机会。女儿的性格虽然严肃了一点儿，但绝不是讨人厌的孩子，和每个同学都熟络起来是自然而然的事情。

杨雯一直担心苗苗交不到朋友，没想到一个卫生委员的身份，就让她和整个班级的同学成了朋友。

参与班级事务，是让孩子在班级中受欢迎的一条途径。在人际关系方面，想要成为朋友、做到彼此了解，最关键的一步就是先成为"熟人"。如果平日里大家鲜少接触，双方又如何能熟悉起来，更别说与对方交朋友了。

虽然每个学生平时的大部分时间是在学校里，但他能和同学交流、来往的时间并不多，每次可以随心接触他人的时间只有课间短短的10分钟。如果孩子不够热情、性格不够开朗，他就很难充分利用这10分钟和同学深入交流。

参加班级事务，可以为孩子增加接触其他同学的机会，增加被同学了解以及了解其他同学的时间。这时，孩子就能向他人展现出自己的优点和长处。久而久之，经常接触的同学里有部分人自然会成为好朋友。

请家长不要担心孩子身上的任务太重，更不要觉得孩子做的事情比同学多就是吃亏，至少从让更多人喜欢这一角度来看，多参与班级事务是利大于弊的。

◇ 让孩子学会如何处理人际交往问题

要做到完美的人际关系，并不是一件容易的事情。成年人的心智比孩子更成熟，但在处理人际交往问题时，表现得手足无措的人仍不在少数。

成年人的人际交往世界里，固然有利益、情感、价值观等问题纠缠在一起，比较复杂。但在孩子的世界里，麻烦也不少。毕竟孩子对世界的认识不够深刻，心智尚不成熟，缺乏足够的沟通技巧，想要让孩子妥善解决人际交往问题，这并不现实。

教会孩子处理人际交往问题，跟教会孩子穿衣吃饭并不相同——穿衣吃饭是一个人生活的本能，是必须要学会的。而有些家长觉得处理人际交往问题虽重要但不必要，因为在过去，他们从未从父母那里学习到处理人际交往问题的方式，也没有影响自己的顺利成长。

随着时代的发展，家长对孩子有了更高的期望、更多的期待。那么，在人际交往这件事情上，家长就要多关注一些，多为孩子提供一些好的建议。

曹华在教育孩子这件事情上，一直有自己的见解和坚持。他认为，家长在大方向上教育好孩子，细节之处可以让孩子自己摸索、自由发展，这才是最好的家庭教育方法，孩子才能在成长道路上学会更多东西。毕竟，当初父亲就是这样教育他的，他对自己现在的成就也没有什么不满意，认为也可以这样教育儿子洋洋。

最近几天，洋洋的情绪明显有些低落。曹华旁敲侧击地了解了一下，得知洋洋和他最好的朋友小海闹了矛盾。虽然事情不大，但两个孩子的性格都非常固执，脾气上来了，谁都不肯先道歉。

曹华很有兴趣地观察着这件事情的发展，想知道儿子最后用什么方法来解决人际关系上遇到的问题。但随着时间一天一天过去，洋洋始终没有解决这个问题。作为一个旁观者，曹华开始着急起来——放任事情发展下去，不仅洋洋会失去最好的朋友，更代表着他没有处理人际交往问题的能力。

一天，吃过晚饭后，曹华问洋洋："你跟小海还没有和好吗？"

一直兴致勃勃看着动画片的洋洋脸色一变，嘟囔着说："没有，没事你提他干什么？"

曹华看洋洋有些不高兴，就知道小海这个朋友对洋洋来说不是可有可无的，于是又问："你讨厌小海吗？"洋洋摇了摇头。曹华接着问："那你为什么不主动与小海和好呢？"

曹华这个问题一出口，只见洋洋大声地说："凭什么要我先去找他和好？我没有错，明明就是他的问题，他怎么不来向我道歉呢？以后，我就当不认识他。"说完，他就气冲冲地扭过头去，一副不想再跟爸爸说话的样子。

曹华没有打算放弃劝说，他继续说道："又不是什么严重的事情，你主动找小海跟他说几句话，给他个台阶下就行了。你一直很有大量，就别再跟小海生气了，大家继续做朋友不好吗？"

眼看爸爸还要继续说下去，洋洋起身关上电视就匆匆跑回自己的房间，把门关上不理人了。这一下，曹华想要再多劝几句，怕是一时也很难再找到机会了。

这个问题其实非常好解决，两个孩子只要能说上话，小小的矛盾就会如阳光下的雪花一样瞬间消融。只不过，这两个孩子谁都不肯先开这个口，曹华只能自己想办法了。

幸好小海也住在同一个小区，两个孩子就是因为每天一起上下学才成为最好的朋友。曹华找到小海的家长，双方商量了一下，决定给孩子创造一个和好的机会。

第二天早上，曹华本该开车送洋洋上学，但到了停车场，他突然告诉洋洋，公司的资料落在家里了，现在要回去拿，让洋洋坐小海爸爸的车去上学。此时，小海爸爸带着小海也来到了停车场。把洋洋送上车以后，曹华朝着小海爸爸挤了挤眼睛，就把车门关上了。

下午，曹华接洋洋放学，远远就看到洋洋和小海告别后才朝他跑过来。在车上，曹华问洋洋："看样子，你跟小海和好了？"洋洋不好意思地点点头。曹华又问道："是谁先向对方道歉了呢？"洋洋想了一下，回答道："谁也没有向对方道歉，我们就这样自然和好了。"曹华笑着对洋洋说："面对这种小事，如果谁都不想先向对方道歉，你要把握时机，让对方知道你还想跟他做朋友就行了。"

洋洋似懂非懂地点点头，这也是他第一次学会解决人际关系问题。

在孩子遭遇人际关系问题时，放任自流绝不是好的做法。家长应该给孩子适当的帮助和建议，让孩子能有个例子举一反三，让他自己掌握解决问题的方法。毕竟班级的人数比较多，人际关系问题随时都可能出现，家长不是每一次都能帮上忙。

有一点家长要格外注意，在孩子遭遇人际关系问题时，所有的解决方法都建立在孩子的个性之上，要量身定制，绝不能草率地给孩子提建议，再强迫孩子执行你给出的方案。

成年人面对人际关系问题时都经常难以把计划变成现实，这就是人们常说的："明明知道话应该这么说，事情应该这么做，但我就是不想这样做。"因此，成年人也常常出现人际关系问题。孩子比成年人更任性，更缺少大局观，强行要求孩子做与他性格相悖的事情，绝不是解决人际关系问题的好方法。

另外，教孩子解决人际关系问题时，要注意不能扭曲孩子正确的价值观。

孩子之间的矛盾，大部分只是因为一件小事引起，可能是真正的对错、是非问题。这时候，家长绝对不能因为担心孩子没有方法解决人际关系问题，导致失去朋友就不管对错是非。

如果孩子做了错事就应该向对方道歉，家长不能用和稀泥的方式让孩子与朋友和好。相对地，如果孩子没有错而是对方错了，家长也不能因为想要解决问题就不追究对方的过错。这种解决问题的方法，只能向孩子传递出"这样做，即便是错的也无所谓"的观念。

◇ 让孩子成为班级的"管理者"

让孩子成为班级的"管理者",有两方面的好处:一是让孩子克服自身好恶,主动与同学打交道;二是让孩子站在更高的视角,体会规章制度的底层逻辑。

一般情况下,小学生与同学打交道的原因只有一个——"我喜欢"。他们以自身好恶决定要和谁一起玩、不和谁一起玩,这样的择友观如果一直持续强化下去的话,一是可能造成"团团伙伙"的交友模式,二是会让孩子的社交能力在潜移默化中退化——虽然看起来孩子的朋友众多,但都是老关系,来到新环境或是遇到新朋友时完全不知道如何应对。

通过让孩子成为"管理者",可以让他掌握主动与不同性格的同学交流、沟通的技巧,从而扩大他的交际圈,提高他的社交能力。所以,孩子在班级事务中表现出色,不仅能够锻炼他的领导能力,也能够提升他的社交信心。

其实,有时候并不好判断孩子的社交水平如何,不要以为孩子在班级中活跃、身边有几个要好的朋友,就觉得他很受欢迎、社交水平高。在小学阶段,有三种孩子其实是游离在集体之外的,他们的表现各不相同，但都缺乏在集体中获得自我定位的能力。

第一种游离：自卑型游离

大多数在外人眼中不善社交的孩子，都属于这一类型。他们不敢参与到集体活动中，非常害怕挫折、批评，稍微遇到一点不如意的地方就会产生逃避心理。

自卑型游离的后果看起来很严重，但是通过家长的鼓励和引导，也是比较容易被克服的。对于这样的孩子，当他成为班级的"管理者"后，他的社交信心会不断增加，也会改变他对于社交活动的看法。因为管理班级事务是属于公共利益的社交，他就不太担心自己在这样的社交中遭遇挫折，这打消了他心中最大的疑虑，也疏通了他走向正常社交的道路。

第二种游离：自我型游离

有一类孩子能够在自己的世界里找到无穷的快乐，他们活泼、开朗，但就是对周围的事物有点儿漠不关心——大家一起参加集体活动，他的身体虽然也在活动中，但心思早已不知道去哪里了。对于这些孩子来说，一只小虫子、一片叶子都是他们的快乐源泉，能把玩半天，至于别人在干什么，他们才不在乎呢。

对于这类孩子，鼓励他们参加班级事务的意义在于：让他们在集体活动中找到自己的关注点，把思绪从自我世界中拉回来。管理班级事务，有助于培养这部分孩子的专注力和社交主动性。

第三种游离：自嗨型游离

这类孩子是人们口中的"人来疯"，他们平时看起来挺正常的，但是一到集体活动的时候，情绪上来就会瞬间失控。有教育工作经历的人往往比较头疼这类孩子，因为他们属于那种在越需要维持秩序的场合，就越善于破坏秩序的人物。

很多老师在管理这类孩子的时候，往往主动让他们成为班级某些事务的管理小组长，如维持秩序、统计数据等。当这类孩子在集体活动中有了明确的任务之后，他们的表现就会好很多。

如果你是这类孩子的家长，不妨鼓励孩子竞选班委，让他在集体活动中保持理性思维，这对于他的成长大有好处。

星星是一个闲不住的一年级同学，尤其是人多的时候更来劲，他似乎特别害怕冷场。当同学都规规矩矩排队放学的时候，他就会跳出来打散队形；当同学在做眼保健操的时候，他就会挤眉弄眼并发出怪声。而且，他的脾气暴躁，只要老师一批评他，他的情绪就会立刻爆发，甚至表现出有攻击性的肢体语言。

爸爸为了改变儿子的这种不良行为，经常鼓励星星参加一些班级事务，老师也为星星提供了许多机会——在排队时，让他负责维持班级秩序；组织春游活动时，让他管理班级物资。

一段时间之后，星星的表现果然好了许多。爸爸开玩笑地问星星："你现在怎么不捣乱了？"

星星认真地说："现在我是班里的纪律委员，还带头捣乱那就太不像话了。再说，捣乱的孩子多么令人讨厌啊，好好的秩序都让他们给破坏了。"

星星之所以能从"捣乱先锋"变成主动维持班级秩序的带头人，就是因为他在班级事务中找到了自己的"正事儿"。更关键的是，通过积极参与班级事务，他了解了规则的底层逻辑。

在很多孩子的意识里，规则是个坏东西，是用来约束自己的枷锁。所以，有些叛逆心比较强的孩子就会下意识地反抗规则。在传统教育中，常常对反抗规则的孩子采取高压教育模式；而在现代教育体系中，这种高压教育模式已经被淘汰了。

问题是，高压教育模式虽然被淘汰了，但具有反抗意识的孩子却越来越多。如何在培养规则意识与释放儿童天性之间找到平衡点，成为儿童教育的一个新课题。

目前来看，让孩子积极参与班级事务、集体活动，让孩子在这个过程中了解规则的底层逻辑，也就是让孩子以主人翁的姿态领会"为什么要有规则、规则有什么益处"。这是一种比较好的教育方式。总而言之，鼓励孩子积极参与班级事务，旨在让孩子树立良好的集体意识，而且是基于理性的集体意识。

传统教育采取的高压教育模式，固然可以让孩子服从集体的意志，但这种服从更多的是盲从，以牺牲孩子的主观能动性为代价，这样的集体意识是不健康的、残缺的。

现在，我们需要在不磨灭孩子个性的前提下，让孩子具备这样的集体协作能力。家长不仅要做出正确的引导，老师也应通过让孩子管理班级事务和其他同学的行为，不断加强他对集体的认知。

当然，在日常生活中，家长还可以通过其他手段来帮助孩子树立集体意识。

第一个手段是：带领孩子参加体育运动，最好是多人参与的团队项目。

在团队协作项目中，孩子最容易感受到规则的存在，也能轻松地领悟到："我如何在规则框定范围内与他们展开合作，帮助团队获得胜利。"通过体育运动，孩子能够意识到："在很多时候，个人利益和团队利益是一致的，大家只有协作才能达到目标。"

孩子通过各种团体活动能够理解到这一层面的意义，对于其社交能力的提升甚至是人格塑造都大有裨益。

第二个手段是：鼓励孩子参加多人游戏。

在多人游戏中，孩子能直观地体会到一个道理——个人的能力越强，就越能影响游戏结果；但强大的个人能力虽然会影响胜败，却不能决定胜败。明白了这一点，孩子就会在个人英雄主义和集体荣誉中间找到平衡点,这对于促进孩子认识集体主义大有帮助。

在校园生活中,孩子想要受到同学的欢迎,首先是自己要"强"。在自己强的基础上,如果能有团队意识、集体意识,他受欢迎的程度才会更高,受欢迎的时限也会延长。

◇ 让孩子学会化解遭遇到的冲突

孩子上了小学之后,家长会明显感觉到他的社交范围突然扩大,遇到的社交问题开始增多。这是正常现象,毕竟从上小学的那一刻开始,孩子将要面对从不曾遇到过的社交场景,他需要时间去适应。

孩子有了问题是正常的,但不意味着家长可以忽视问题的存在。为了帮助孩子尽快融入校园生活并熟悉小学生的社交模式,成为学校里比较受欢迎的人,家长需要在孩子上小学之前让他掌握以下几个社交原则。

第一,要从家庭式社交转向社会式社交。

上小学之前,大多数孩子的社交活动属于家庭式社交——所有的社交活动都是为孩子服务的,家长恨不得时时刻刻陪在孩子身边为他"撑腰"。所以,很多刚刚从家庭式社交走出来的孩子,一遇事难免有点儿情绪不稳定。

这不是孩子的性格问题，而是因为他原本所处的是一个以自我为中心的环境，现在他受到了新环境的影响。

王然今年刚上一年级，离开了熟悉的幼儿园来到一个全新的环境，他就有点儿不高兴了。随着小学生活的开启，他发现周围的同学和以前都不一样了——以前他说什么话，大家都会听；现在这些同学却各有各的想法、主张，他说的话"不好使"了。

王然很生气，但又不知道该如何正确地表达不满，便想要动手打人。这下可坏了，在两三天的时间内，他和几个同学都产生了冲突。

老师很无奈，只好把王然的家长叫到学校进行沟通。像这样的情况，其实老师也见得多了，他对王然的妈妈说："孩子现在比较以自我为中心来表现自己，希望家长可以在平时的生活中，培养孩子区分家庭生活与社会生活的能力。"

从此之后，家长开始对王然有了"要求"，明确地告诉他：在别人家做客时要有礼貌，未经别人同意不能随便动人家的东西，在公共场合时行为举止要得体……从这些小事出发，王然的性格果然发生了一些变化，他不再以自我为中心，可以和同学们愉快地玩耍了。

孩子以自我为中心，是让很多老师和家长都比较头疼的问题。其实，大多数情况下这不是孩子的问题，而是家庭教育的问题。

在孩子小的时候，无论他做了什么事，身边人都会给予他太多的宽容——有时候，他说了一些不该说的话，大家会觉得那是童言无忌，非但不予阻止，还笑眯眯地接受了；他做错了事情，大家也会说："孩子还小呀，没事儿，长大就好了……"这就导致一个问题：在孩子的心目中，任何社交场合都是相同的——就像在家里一样。

上了小学，家里的一帮"小公主""小皇帝"聚到一起，大家都以自我为中心，难免会产生冲突行为。

避免这一现象的最好办法，就是让孩子明白学校和家庭是不一样的场合。我们可以通过建立一些与家庭中完全不同的社交规矩，让孩子逐渐适应这两种不同的社交模式。

第二，需要用更聪明的方法解决冲突。

在孩子上小学之前，即便他和同伴有了冲突，家长也比较容易解决：无非是对两人分别进行教育，过一段时间就会没事儿了。

上小学之后，由于家长对孩子的影响力在减弱，孩子与小伙伴的冲突就需要他们自己解决。而且，这个年龄段孩子之间的矛盾已经不是冷处理就可以解决的了，如果任由矛盾激化，可能会给孩子带来更大的压力。所以，在孩子上小学之后，家长要先教会他用更聪明的方法去处理同学之间的冲突。

孩子在社交过程中出现了冲突，家长首先要教会孩子以平静的肢体语言应对问题。有些孩子遇到冲突时会大喊大叫，情绪也愈加激动。要知道，人的肢体语言和情绪是紧密相关的，假如一个人内心的愤怒值是6分，他却用10分的肢体语言去表达愤怒，内心的愤怒值也会随之上升到10分。

大人和孩子都是如此，不信我们可以试一下。比如，你现在的心情不是很好，很压抑，就拿起一个东西重重地摔在地上，你的情绪是变好了还是变差了？答案是"变差了"，因为摔东西这个肢体语言意味着非常愤怒——你本来没有那么愤怒，但是当你摔了一个东西之后就会变得非常愤怒。所以，当孩子养成用激烈的肢体语言去表达情绪的习惯后，你会发现他的脾气越来越差，越来越容易被引爆。

在日常生活中，家长虽然不可能完全控制住孩子的情绪，但最起码可以控制孩子的肢体语言。中国人民公安大学犯罪心理学家李玫瑾说过，平息孩子情绪的一个好方法，就是每当孩子情绪失控时，就把他带到一间没有人的屋子里进行一对一的"对峙"——家长容许孩子说话、哭泣，但不能离开，让孩子觉得你在乎他；同时要尽量控制孩子的肢体语言，不要让他有过分的肢体表达。

一般情况下，当孩子的肢体语言冷静下来的时候，他的内心也就平静了。家长应该掌握这种帮助孩子平息情绪的方法，培养他冷静应对冲突的能力。

第三，要教会孩子保护自己。

自家孩子能冷静处理问题，并不意味着对方的孩子也一样冷静。产生冲突之后，我们不主张孩子用武力手段去解决问题，但是要教会孩子如何避免受到暴力伤害。

家长不妨设想一下，如果有同学要攻击自己的孩子，你会让孩子怎么办？一是打回去。其优点是孩子不受欺负，缺点是会让孩子产生以暴制暴的倾向。二是忍住，赶紧跑。其优点是能避免冲突，缺点是孩子会被认为是软弱的、可欺的。

事实上，这是一个比较棘手的问题。家长无论给出上述哪个答案，都不可能是标准答案。面对这样的问题，家长要让孩子遵循以下两个原则。

一是保护好自己。无论做什么，根本目的都是让自己不受伤害。所以，如果对方咄咄逼人，孩子觉得能够控制局面，就要想办法控制住局面；如果觉得自己无法控制局面，"跑"或许是最好的办法。

二是遇到冲突后，一定要及时通知老师、家长。因为有的冲突会演变成霸凌事件，对小学生来讲就属于局面失控了，一定要让老师或家长及时介入才可以。

如果孩子掌握了这两个原则，即便他遭遇到一些校园霸凌事件，最起码也可以做到保护自己，避免冲突恶化。这或许是解决人际交往问题暴力化的最佳手段。

/ 第三章 /

好习惯，让孩子受益一生

　　许多好习惯在孩子还小的时候就定下来，这能决定孩子未来人生的走向。因此，一定要让孩子从小就养成良好的学习习惯、生活习惯、行为习惯，这将让孩子的一生都因此受益。

◇ 培养孩子对自己负责的意识

家长在教育孩子时往往会陷入一种困境,既想要培养出一个人格和思想独立,将来能独当一面的好孩子,又害怕给了孩子太多的自由,使孩子在人生道路上行差踏错造成不可挽回的惨痛经历。

的确,父母管得太多、束缚得太紧,孩子难以形成独立的思想与人格,长大以后容易变成别人口中的"妈宝""巨婴"。但是,在人生的十字路口,一旦走错方向,再想回头就要付出很多代价。想要摆脱这种困境,最好的方法就是培养孩子对自我负责的意识。

孩子学会了对自己负责,明白自己要对自己做出的选择承担后果,那么,他在做出决定之前就会更加小心,做出更多的思考。这样一来,他走错路的概率就会大大降低。

许多人从小到大都没有这样的意识,这就是他们在人生道路上不断跌倒、距离成功越来越远的原因之一。所以,在孩子还小的时候,家长就要培养孩子对自我负责的意识。

小博今年刚刚上小学,随着需要解决的事情越来越多,生活和学习的压力越来越大。慢慢地,妈妈方悦从小博身上发现了一个她非常不喜欢的缺点，那就是小博做事喜欢找借口、推卸责任。例如，在上个周末，小博把没能完成作业的责任推到爸爸身上。

之前，小博多次跟爸爸说很想去游乐场玩，都因为爸爸工作繁忙没能成行。这个周末，爸爸终于有时间可以带小博去玩了。但是，下周要进行期中考试，最近的家庭作业不仅数量比平时要多，难度也提高了一些。小博不确定自己要用多长时间才能完成家庭作业，于是陷入去与不去的痛苦抉择中。

最终，小博还是选择跟爸爸去游乐场玩，毕竟周末有两天，去游乐场玩只要一天就足够了，剩下的一天，他相信自己不管怎么样都能完成作业。于是，小博一家三口在游乐场痛痛快快地玩了一天。到了第二天，小博却没能按照计划写完作业。

星期日早上，小博吃过早饭，打开书包正要拿出作业本，突然有人打来电话。原来是小博的几个小伙伴昨天完成了作业，今天找小博一起出去玩。

小博的内心十分挣扎，如果出去玩的话，又少了一上午写作业的时间。不过转念一想，还有一整个下午和晚饭后的时间，他觉得自己完成作业应该是没有问题的。于是，他又花了一上午的时间和小伙伴一起玩。

中午回家吃过午饭，小博就开始写作业。写到下午3点左右，小博突然想起儿童频道在周末会播出特别节目。看着写了至少有一半的作业，小博认为按照现在的进度，看完特别节目后继续写也是能完成的。没想到，看完儿童频道特别节目，他发现动画片也挺不错的。

一直到晚饭时间，小博没有再动笔写一个字。吃过晚饭，小博才急急忙忙地拼命赶作业。但这时候已经有些晚了，直到爸爸逼着他去睡觉时，他还没有写完作业。

第二天放学回家，小博怒气冲冲地对妈妈说，都是因为爸爸的原因，才害得他没有写完作业——如果不是爸爸要带他去游乐场，周末第一天，他就能把作业写完了；要是周日晚上爸爸不催着他去睡觉，他也能写完作业。现在他被老师批评了，都是爸爸的错。

小博的认知，让方悦大为震惊。在短短的几分钟里，她的脑海中涌现出无数自己曾看过的社会新闻：孩子因为生活不顺而走上犯罪道路，最后却说是父母从小没有很好地管教他；一事无成的中年人向媒体抱怨说，要是父母当年能多给自己一点帮助，自己可能会走上一条成功的道路；一个在校大学生抱怨自己为什么不是富二代，为什么同学可以有优渥的生活条件，而自己买什么都要再三掂量……

刹那间，方悦认为，是时候让小博知道他应该为自己的人生负责了。

为自己的人生负责，不仅是一种责任感、一种担当、一种不怨天尤人的精神，更有助于个体树立正确的人生观。

的确，客观环境会对个人的发展产生很大影响，但这不代表一个人的发展会处处受阻，难以一展所长。世界上众多的成功者、领导者，他们现在拥有的一切并不是一开始就从父母手中继承的，虽然有些人的成功得益于父母打下的良好基础，但还有相当多的人是凭借自己的能力获得了成功。除非遭遇了一些不可抗力、一些人力不可扭转的事情，否则，唯一对自己负责的人，就是你自己。

成年人的眼界要比孩子更广阔、看得更远,那么,当孩子要做一些任性的事情时,一定要告诉他任性的结果是什么,不任性的话可能有怎样的收获;告诉孩子要为自己的人生负责,可以为他的未来打下良好的基础,这样能让他更有计划地做事、更全面地思考问题。

在小博选择和家人一起去游乐场玩的时候,如果方悦能告诉他"这是你自己的选择,如果你无法按时完成作业,你自己要承担这个后果",那小博的表现可能就会不一样。即便当时小博仍然选择去游乐场玩,但他在被老师批评后必然会产生新的思考,下一次再需要做选择的时候就会更有目的性,明白做出选择就要承担后果这样的道理。

在让孩子明白要对自己负责的时候,家长一般能够预测事情发展的过程和结果,此时千万不要心软,不能改变之前告诉过孩子会产生怎样的后果的说法。否则,孩子会认为家长所说的不良后果不过是危言耸听,大可不必在意。

所以,家长每次都要严格按照自己说出的话行事,给孩子树立好的榜样。久而久之,孩子就会衡量自己做的每个选择,预测结果,并为自己的行为负责。

◇ 提高警惕，让孩子学会自我保护

孩子是父母的天使，是祖国未来的花朵，在他们身上有着无限的可能。但要切记，在孩子未长大之前，他们无疑是弱小的。

社会上有些人不通过正常的途径谋生，只靠违法犯罪来获得利益，其中最恶劣的就是那些把孩子当成犯罪目标的不法分子。为了保证我们的孩子健康成长，也为了自己家庭的完整，家长必须要保护好孩子。

雏鸟总是要长大的，如果它总是在父母的翅膀下躲风避雨，注定不能展翅高飞。那么，保护孩子的安全和让孩子自由成长，在这两件事情的交集之处就出现了一些矛盾。解决这些矛盾的关键方法，就是保证在家长、老师及其他有正义感的成年人关注不到的时候，让孩子拥有保护自己的能力。

那么，一名合格的家长要从哪些方面指导孩子学会保护自己呢？

第一，保护好自己的身体。

近年来，关于性侵儿童的行为越来越多，无论是男孩还是女孩，他们都必须重视他人对自己不正常的身体接触。

一些孩子的年纪尚小，还没有出现性意识，且部分针对儿童的性犯罪不一定有暴力情节，所以它具有很强的隐蔽性。许多孩子甚至不知道自己和他人有过不正常的身体接触，不知道自己曾遭遇过猥亵，直到成年以后才逐渐明白那些曾在自己身上发生的事情，进而成为一生的阴影。

或许对于孩子来说，他并不能了解为什么自己身体的某些部位是他人不能触碰的，家长也不需要一定让孩子理解为什么要这样做，但一定要让孩子知道发生这样的情况时必须要这么做。

第二，要不厌其烦地告诉孩子一些常识性知识，让孩子清楚地明白一些生活常识。

孩子的年纪尚小，并不一定能懂得某些物品的正确使用方式，然而一旦误用，则可能让自己和家人处于危险之中。比如，燃气、电、剪刀、药品等是家庭生活中必不可少的物品，如果孩子贸然去独自使用，则可能给自身带来无法想象的伤害。

许多家长在孩子小时候就开始了这方面的教育，但教育方式并不正确，甚至堪称简单粗暴。比如，不该放到嘴里的东西，就说"脏脏的"；孩子拿到可能存在危险的东西，就说碰到会"痛痛"；挖鼻孔吃鼻屎粑粑，就说会变成哑巴；晚上不好好睡觉，就说会被妖怪抓走；整天躺着不动，就说会变成牛……诸如此类的另类教育，数不胜数。

等到孩子逐渐长大，他对这个世界产生了一定的认识以后，就会开始质疑家长所说的这些观点是否正确——晚上不好好睡觉，真的会被妖怪抓走吗？不喜欢运动，真的就会变成牛吗？在好奇心的驱使下，孩子就会去尝试，从最不可靠、危险性最低的事情开始。当他获得"这些话是假的"的结论以后，就可能会做更加危险的事情。

因此，在孩子逐渐长大成为小学生以后，家长再对孩子进行安全教育时，有必要对孩子讲清楚"为什么"。比如，触电是怎么一回事，被利器割伤会产生怎样的后果，药盒里的药为什么不能随便吃，长期睡眠不规律对身心会有怎样的影响……当孩子逐渐明白这些事情带来的后果且认为逻辑通顺后，他自然会对这些危险避而远之。

第三，要让孩子知道这个世界上是有坏人的。

某法制节目上，一个人贩子在讲述自己选择对儿童下手的地点、目标时，他们认为氛围较好的社区是最好下手但又是最难下手的地方。难下手的原因在于，社区里的人彼此都很熟悉，外人的出现会引人注意；好下手的原因在于，这里的孩子长期生活在安全的环境里，对于陌生人缺少警惕性。对于这样的情况，很难通过实践来完成教育的目的，只能由家长口述补上。

要让孩子知道世界上不只有相熟的好人，还有陌生人可能会通过种种方式伤害他们，因此，对于主动接触他们的陌生人一定要有警惕性。比如，家长不在身边的时候，陌生人给的东西绝对不能吃；回家的时候，要注意有没有陌生人跟着；不要跟陌生人一起离开学校，也不能上陌生人的车。这些行为准则或许会让孩子失去一些安全感，变得不那么热情大方，但能让孩子的人身安全多一些保障。

曾看过一篇报道，写的是一个孩子勇斗歹徒的故事。欣欣从上小学开始，父母就经常告诉他要小心陌生人，放学后如果不是熟悉的人来接他，无论对方说是谁的朋友、谁的同事也不能跟着走；独自回家的时候，要注意开门时附近是否有陌生人，如果有的话，就敲门向邻居求助。欣欣是个聪明的孩子，把父母的话牢牢地记在心里。

学校离欣欣家很近，父母都忙于工作，每天放学都是欣欣自己回家。一天，欣欣放学回家，跟平常一样特意看看四周是否有陌生人，随后小心翼翼地把家门打开，走了进去。

就在欣欣要关门的时候，突然一个陌生男人冲了进来，并立刻关上了房门。欣欣吓了一跳，但还是镇定地问对方是谁。陌生男人说他是欣欣爸爸的同事，是有事来找他爸爸的。

欣欣想起父母曾经说的话，马上就警惕起来，觉得对方是坏人的可能性很大。特别是男人见家里只有欣欣一个人的时候，就开始翻箱倒柜在找什么东西。这个举动让欣欣确定了这个男人是个小偷，如果自己大声喊叫的话，一定会遭到伤害。

于是，欣欣假意询问男人在找什么。男人告诉欣欣，爸爸让他来家里拿钱，有急用。欣欣就告诉男人，家里的钱放在阳台的一个柜子里。等到男人走进阳台以后，欣欣马上就锁上阳台门，然后冲到邻居家让大人帮忙报警。

男人见欣欣跑了出去，慌不择路地从窗户跳出去要逃跑，但是没跑出多远，就被赶来的警察抓获了。在审讯过程中，警察得知男人是个人贩子，本打算拐走欣欣，但见家里只有他一个人，就生出顺便偷窃钱财的想法。

其实，无论孩子多么聪明，在凶狠的歹徒面前仍然缺少足够的自保能力。但是，平常教育孩子提高警惕性，让孩子能分辨出好人或坏人，对保护他自己也很有帮助。

家长应该始终是孩子的安全保障，无论向孩子传授了多少保护自己的方法，总不如家长多用心来得好。防微杜渐远胜亡羊补牢，千万不要觉得家长教过孩子如何保护自己，就对孩子的安全问题不用那么上心了。

◇ 再心疼孩子，家务也必须让他做

做家务，是孩子自理、自立能力形成的标志之一。虽然很多人是在长大独立生活以后才开始料理家务的，但这并不代表他在童年时期就不用做家务。培养孩子做家务的能力，不仅是在向孩子传授生活经验，更能从多方面来培养孩子的自理能力。

但是，许多家长并不认同从小就培养孩子做家务的观念，他们认为孩子还小，只要好好学习就可以了。孩子将来取得成就，到时候成家立业了可以请家政，何必一定要培养他做家务的能力呢？

我们且不谈孩子将来能够取得多大的成就，是否可以完全不考虑做家务的事情，即便是现在那些功成名就的人，难道就不需要自己做家务了吗？更何况，这是为了培养孩子养成良好的生活习惯，与将来做不做家务没有太大的关系。

现代人的生活越来越忙碌，负担越来越重，许多年轻父母选择把孩子交给家中的老人照顾。周平在决定养育一个孩子的时候，就曾设想过自己要如何抚养、教育他长大。周平认为，如果让老人帮忙照顾孩子，溺爱这种情况一定会不可避免地出现。

有了儿子小琦以后，周平不管多么辛苦，也一直坚持和妻子两个人抚养。几年以后，他和妻子的事业都迎来了上升期，每天忙得不可开交，最终只能让爷爷、奶奶帮忙照顾小琦。

等到周平的工作没有那么忙有了空闲之时，小琦已经是个小学生了，周平曾经预料之中的问题也开始出现。

在小学生这个年纪，小琦本该对这个世界有所认识，对生活有最基本的了解，但由于爷爷、奶奶照顾得实在太好，很多事情他都不会做。周平觉得长此以往，小琦必然会成为一个四体不勤、五谷不分的孩子。于是，他决定让小琦开始做一点儿家务活。

理想很丰满，现实很骨感。周平让小琦做家务活，小琦并不愿意做。每当周平打算教育一下儿子的时候，奶奶总是跳出来护住小琦，对周平说："咱们家小琦又乖又听话，学习成绩好，为什么要逼着他干家务活呢？我还干得动，我来干。"每到这个时候，周平只能败下阵来，不再提让小琦做家务活的事情。

就在周平有些束手无策，完全找不到机会说服奶奶让小琦做家务活的时候，发生的一件事情让奶奶彻底改变了想法。

一个周末，只有小琦和奶奶在家。中午时，奶奶要去碗柜上层拿蒸锅做饭，由于碗柜上层比较高，奶奶必须踮脚才能拿到蒸锅。就在奶奶刚踮脚拿到蒸锅的时候，她突然感觉腰部仿佛有一阵电流通过，接着就是一阵剧痛传来。

奶奶的手上拿着蒸锅，想要把蒸锅放回去却力气不够用，剧痛又让她完全不能弯腰把蒸锅放下来。此时，奶奶有些坚持不住，细密的汗珠开始遍布额头。无奈之下，奶奶只好大声喊："小琦啊，你快点儿过来帮奶奶把蒸锅放到灶台上，奶奶的腰闪了，现在动弹不了。"

没想到，小琦给的回应却是："你自己放呗，我干不了这活，而且这部动画片好看着呢。"

随着腰部越来越疼，奶奶有些着急地又喊道："奶奶不是让你干活，而是奶奶的腰疼得厉害，你就帮忙把锅接过去就行。"小琦只顾看电视，连头也不回。没有办法，奶奶只好忍着剧痛，一步步地挪动脚步，把蒸锅放到不用弯腰就能够着的桌子上。

周平接到奶奶的电话，就赶紧从公司赶回家把奶奶送去医院。幸好不是什么严重的问题，奶奶休养一段时间就能痊愈。

在叙述自己受伤过程的时候，奶奶气不打一处来，对周平说："以后我再也不拦着你让小琦干活了，这孩子现在别说油瓶倒了都不扶，估计房子着火了，他可能都不会看一眼。"

心疼孩子不让他做家务活，就可能会产生这样的后果。家长要求孩子做一些家务，真的仅仅是因为家长的需要吗？当然不是。一个小学生，即便倾尽全力又能帮上多少忙呢？要求孩子承担家务活不是主要目的，而是要培养孩子养成良好的生活习惯，培养孩子的责任感。

在孩子刚刚认识世界的时候，他往往会觉得自己就是世界的中心，一切东西都应是自己所拥有的，如"我"的爸爸、"我"的妈妈、"我"的玩具、"我"的零食。在这一阶段，如果家长过于溺爱、娇纵孩子，那么在确立家庭地位的时候，孩子就会把自己放在他人之上，认为自己才是说一不二的支配者。

发展到这个地步，家长想要让孩子听话已经是很困难的事情了，在其他家庭成员需要孩子做些什么的时候，孩子就会展现出自私、冷漠的一面。现在请家长仔细想一想，你是否面对过这样的难题：孩子非常任性、不听话，只有面对某个特定的人或者群体的时候才能进行有效说服。这就是不少家长会用"不听话，警察就把你抓走"之类话语，吓唬孩子的原因。

在让孩子做家务的过程中，家长一定要让孩子知道他并不是家中高高在上、说一不二的那个人，他和其他家庭成员一样都是家庭中的一份子，在享受其他家庭成员创造的优渥条件、接受其他家庭成员照顾的同时，也要履行自己的义务。

随着孩子逐渐长大，他对世界的认识加深，开始明白这个世界并不是以自己为中心，有很多东西并不属于自己，只有那些冠上"我的"的东西，自己才有支配的权利。此后，他能够承担的事情越来越多，家长让他做更多的事情也变得更加容易接受。

当然，孩子从小没有做过家务，并不代表他将来就一定是个对家庭成员自私、冷漠的人，只不过想要避免这种情况，还需要从其他方面的教育和影响下手才行。

在孩子像海绵一样迅速吸收知识成长的时候，家长要把孩子承担适当的义务当成家庭教育的组成部分。因此，不管多么心疼孩子，都要让他承担一些家务。

◇ 让孩子学会合理地安排时间

都说"一寸光阴一寸金，寸金难买寸光阴"。随着光阴的流逝，人们会越来越觉得时间不够用，越发珍惜时间。但即便如此，合理安排时间的重要性还是被人们一再忽视。

许多人做事的时候随心所欲，把合理安排时间当成一种束缚、一种枷锁，一旦有机会，他们就会把之前做好的计划抛之脑后。出现这种情况，不是人们不知道合理安排时间有多少好处，而是因为他们从小就没有养成合理安排时间的好习惯。

合理安排时间作为一项非常重要的生活技能，并不像人们想象的那么简单——只要做好一张时间表就可以了。特别是对于孩子来说，做好这件事情更是非常困难，如果没有家长的帮助，孩子恐怕要走许多弯路才能真正做到。

所以，家长在让孩子学会合理安排时间的同时，还要明确以下需要让孩子知道的事情，这样才能让孩子懂得合理安排时间而不仅仅是出现在他们口中的空谈。

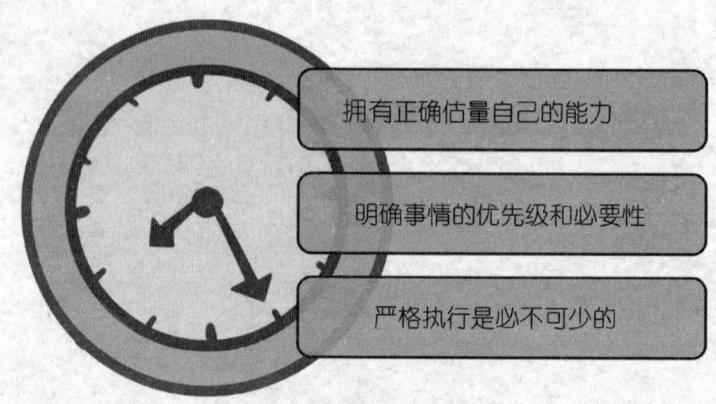

合理安排时间的注意事项

第一，拥有正确估量自己的能力及工作量。

一切时间的安排、计划的制订，都离不开对自己能力和工作量的正确估量。我们在安排工作时间的时候，经常会出现这种情况——预计用3小时完成的工作，最后却因精力不佳、注意力不集中、出现意外等情况没能完成。

孩子在安排时间的时候，更是会经常面对这种情况。因为对于孩子来说，安排时间真的只是"安排好了"就行。

邵平在教女儿如何才能做到合理安排时间的时候，他先让女儿自己制订一张时间表，然后按照时间表上的事项一条条去完成。

当邵平拿过女儿制订的时间表时，他满脸苦笑，因为写作业的时间只有20分钟，而玩耍的时间足有3个小时。他问女儿："你能在20分钟之内完成作业吗？"女儿满脸不解地问："为什么还要全部完成呢？不是安排好时间就行了吗？"

家长要记住，在让孩子安排自己的学习和生活时间之前，要先让他明白，时间安排不能随心所欲，而要先估量好自己的能力和工作量，保证事项能够完成才可以。

第二，安排时间时，要让孩子明白事情的优先级和必要性。

成年人知道自己在安排时间的时候，并非所有的事情都享受相同的待遇。某件事情有着较高的优先级，那么，这件事情需要完成的时间必须被保证——如果这件事情所需的时间和其他事情有了冲突，其他事情必须要给优先级更高的事情让路。

孩子在安排时间的时候，他更倾向于把自己喜欢的事情安排在前面，把不喜欢的事情安排在后面，颇有些"能拖则拖"的意思。但是，优先级较高的事情被安排到后面去做，一旦出现了意外，要去哪里寻找时间补上呢？

可见，优先级中的"先"字，是必须要发挥作用的。

教会孩子辨别事情的优先级，让孩子把重要的事情放在前面先做，有利于帮助孩子树立时间管理的观念。

必要性和优先级还有所不同，那些必须要安排的事情可能不是那么重要，但却是必不可少的。这些事情是生活的必要保障，无论今天的时间多么急切都不可能完全抛弃这些事情，如吃饭、睡觉。

当然，成年人有些时候会因为某些原因，为了优先完成的事情尽量压缩甚至抛弃必要的事情。孩子没有必要做到那一步，保证他的健康成长同样重要。

第三，没有严格执行，合理安排时间就显得毫无意义。

任何的时间安排，都是为了更好地服务于自己所做的事情。就是说，无论时间安排得有多好、多合理，如果没有严格执行，那就是毫无意义的。因此，当孩子安排好时间以后，家长必须监督他严格地按照时间表去执行。

陈露近期在教刚上小学的儿子小维如何合理地安排时间，小维很快就学会了，且能够举一反三，针对各种情况制订自己的时间表。但到了执行的时候，他往往就会弄得一塌糊涂。

每当陈露要求小维按照时间表做事时，小维就会说："既然我会做，平时执行不到位也不要紧。反正时间还够用，事情也都能完成，没有必要非得现在就去执行。"

陈露想想也是这样，于是就不再继续要求。那么，到了时间紧张的时候，小维真的能按照时间表去做事吗？显然不能。几次以后，陈露才开始严格要求小维按照时间表去做事。

合理安排时间，严格去执行，不仅能培养孩子制订计划、安排时间的能力，更能培养孩子的执行力。这样，每到一个时间节点，他就能真正地按照制订好的时间计划去做事，这种能力即便是许多成年人都不曾拥有的。让孩子从小养成按照时间计划做事的良好习惯，他必将受益一生。

教会孩子合理安排时间的同时，家长一定要参与到整个过程中去，万万不可做甩手掌柜——告诉了孩子要怎么做，却不监督也不检查结果，这不是合格的家长。

合理安排时间产生的结果远比过程更加重要。在执行时间计划过程中，需要家长不断帮助孩子修正不合理之处，让孩子从中汲取经验才能做得更好，才能保证孩子最终养成正确的生活习惯。

◇ 爱整洁、有条理，断舍离下的健康生活

人们在形容一件事情条理清晰、好处理、令人赏心悦目的时候，经常会使用"井井有条"这个词。混乱的、邋遢的东西总是不得人心，不仅让人觉得身心不愉悦，更会导致许多事情被忘记去处理，造成时间、物力上的浪费。

当下，许多人会错误地理解整洁、有条理的意义，认为桌子上没有乱七八糟的东西就算是整洁了。其实，这种想法并不正确，它只能叫作表面上看起来的整洁，是一种形式主义上的表现，并不算是真正的整洁，更别说是有条理了。当空间能被合理利用，物品按照一定规则有序摆放的时候，才能算是有条理的。

每个人能够支配的空间十分有限，但孩子是个例外——儿童绘本、各种玩具、四季衣服、平衡车、零食等，这些物品堆满整个家庭空间。如果只是追求形式上的整洁，放眼望去，孩子的个人空间非常干净的话，那些零散物品一定被挤压在非表面的空间，看不见的那个空间必然混乱不堪。

以一个空间的混乱为代价换取另一空间的整洁，看似合理，实际在利用空间上是非常不合理的，更与"有条理"三字背道而驰。

阿思是个非常喜欢干净的人，刚刚认识阿思的人，甚至会觉得她有一点儿洁癖、强迫症。许多同事第一次来她家的时候，桌子、地板都是一尘不染，大家觉得有些不敢下脚，生怕因自己的进入而弄脏这个整洁的空间。

实际上，阿思的确是把家里能被外人看见的地方收拾得干干净净，而大家看不见的地方往往是一团糟——大量衣服没有叠整齐就塞在衣柜里，甚至团成一团；存放杂物的柜子更是什么都有，拿出一件东西时，很容易引起其他物品崩塌式的连锁反应。这种情况，直到阿思结婚、生子以后都没有改变。

阿思的儿子磊磊从小就被教育要维护家里的干净和整洁，主要是能被看见的地方，如厨房、桌子、地板。在磊磊还小的时候，他都会像小大人似的盯着每个来到家里的客人，监督他们是否换好了拖鞋、不能四处走动，还因此闹出了不少笑话。

等到磊磊逐渐长大上了小学，他就有了自己的房间，有了可以存放自己物品的空间。阿思仍然按照过去的标准，要求磊磊把自己的房间收拾干净——桌子上除了台灯、笔筒和闹钟，不许有别的东西；书架上，除了书本之外不许放别的东西；床上、椅子上，不许堆放衣服。

最开始，磊磊会严格按照妈妈的要求整理物品。随着他的个人物品越来越多，小小的房间开始有些不够用了。特别是那些已经不玩了的玩具、看完的儿童读物，扔又舍不得，留着又没有什么用。

物品的存放问题，一下子让磊磊头疼起来，他开始质疑妈妈的要求是不是合理的。当然，磊磊的质疑没有任何作用，毕竟这是阿思已经保持多年的习惯。但是，不久后发生的一件事让阿思认识到，也许自己的做法并不是那么正确。

磊磊爱踢足球，每次踢完球都会把足球洗干净，用网兜装好挂在门后的挂钩上。一次，磊磊踢球时扭伤了脚踝，要休养一段时间。阿思在打扫磊磊的房间时，就觉得这个暂时用不上的足球有点儿碍眼，就把足球放到家里装杂物的柜子里。

一个月后，磊磊的脚踝痊愈了，当他跟妈妈要足球的时候，阿思根本找不到足球放在了哪里——她打开装杂物的柜子时，发现里面的物品堆放得乱七八糟。无奈之下，她又给磊磊买了个足球。

到了暑假，阿思把磊磊送到乡下的奶奶家住一段时间。此时，阿思看见门后挂着的足球，又随手把足球塞进一个放杂物的柜子里，还特意记住放足球的位置，避免发生上次的错误。

当磊磊回到家向妈妈要足球的时候，阿思打开之前记住的那个柜子，发现柜子里面堆满了乱七八糟的东西。她硬着头皮开始在杂物柜里翻找，结果，里面堆在一起的杂物发生崩塌，最后滚出来的是两个足球。

教孩子爱整洁、有条理，千万不能只在乎眼睛看到的地方。能让有许多物品摆放的地方看着舒服，才算是真正的整洁。

有条理相对整洁来说，要求高一些，单纯地把东西摆好算不上有条理。同类物品要按照一定规律摆放，等到要用的时候，就能很快从大量同类物品中找到自己需要的那个。所以，在要求孩子摆放物品有条理的时候，家长需要为孩子演示如何归类物品、如何按照一定规律摆放、如何合理利用空间。

爱整洁，可以让孩子变得勤劳，不管将来是集体生活或是独立生活，都能保证自己在所处的环境中将物品摆放得整整齐齐，做到身心愉悦；有条理，则能培养孩子的空间利用能力和逻辑性，让孩子养成良好的思考模式。在这一过程中，家长千万要记住，形式主义只能产生负面影响。

◇ 拥有主动学习力，远离拖延症

"拖延症"，这个词出现的时间并不算太长。过去，人们不知道拖延症这个词，往往认为那些有拖延情况的人是懒惰的、拖拉的、磨蹭的。实际上，拖延症是一种心理问题，必须要得到重视。

最开始的时候，拖延症的表现是明知道这件事不完成会有问题，还是不断把做事情的时间向后拖。随着拖延症的不断发展，就会伴随着抑郁症、躁郁症一起出现。

孩子的年纪还小，患上心理疾病的概率较低，但养成拖延习惯的概率挺高。所以,让孩子养成良好的生活习惯,按时完成"写作业""做家务"等任务。毕竟,人人都喜欢做事干净利落的孩子,不是吗?

郭亮是一个看起来就很不普通的小学生,虽然他的身材不是很高大,又总是戴着一副眼镜,但是看他走路的姿势和律动,就知道他是个喜欢唱歌跳舞的孩子。

确实,在唱歌跳舞方面,郭亮是一棵好苗子,但要他写作业,那问题就多了——好像上了小学以后,郭亮从来没有写完过家庭作业。

老师批评过,家长也劝说过,但郭亮都是一副满不在乎、我行我素的样子。即便是强迫他坐在桌子前面,他也是十几分钟过后才会慢慢写上几个字,然后哼唱一首歌后再写下几个字。如此,每天从放学回家到吃过晚饭再到睡觉这段时间,他也写不了多少作业。

一段时间以后,监督郭亮写作业这件事,就成为家长沉重的负担。他们每天晚上什么事情都不用干,光是盯着郭亮写作业就能到很晚,即便是快要睡觉的时候,郭亮的作业还没有写完。

家长还有自己的事情要做,也有工作需要处理,他们就打算求助相对专业的辅导机构。妈妈方悦把郭亮送去一家专门负责照顾学生、监督写作业的辅导机构,认为这样自己就可以高枕无忧了。

没想到过了两周以后,对方通知方悦把孩子领回去。原来,到了晚上七八点钟,大多数孩子都写完作业被家长带回家了,只有郭亮一直到9点钟还不能完成作业,对方也有些不堪重负。

郭亮被劝退的事情让家长十分着急,这孩子现在就如此拖沓,将来可怎么办?最后,方悦决定为郭亮聘请一位家庭老师,提高成绩之类的事情暂且不谈，只要每天能辅导加监督郭亮完成家庭作业就好。

聘请的赵老师在周边家长群中颇有口碑，在教语文和培养孩子良好的学习习惯这两个方面有一套方法。果真，赵老师给了方悦一个大大的惊喜——不到半个月的时间，郭亮就已经能完成作业了。随着时间的推移，郭亮完成作业的速度越来越快、质量越来越好。

方悦就好奇地向赵老师问方法，赵老师说："只要找到郭亮不愿意写作业的原因，事情就变得简单多了……"

原来，郭亮不喜欢写作业的原因很简单，就是他认为写作业是一件非常无聊的事情——与其思考怎样写作业，不如自己小声唱唱歌，或者在脑海中幻想一些成为动漫书中主角之类的事情。

赵老师发现了这一点以后，就问郭亮："你不想写作业，到底想要干什么？"郭亮回答道："干什么都比写作业有意思，我可以听歌，玩游戏，看看漫画书。不管干什么，我就是不想写作业。"

赵老师想了想，说："那你先写完这一行生字，我就让你看10分钟漫画书，你觉得怎么样？"

郭亮一下子来了兴趣，点头说道："真的吗？那我马上就把这行生字写完。"说完，他就低头写了起来。虽然这一行生字被郭亮写得歪歪扭扭的，但速度却不慢。

赵老师皱着眉头说道："你这字写得也太敷衍了吧？"郭亮盯着赵老师说："说好写完字就能看10分钟漫画书，可不能说话不算数啊！"

赵老师点点头，拿出手机说："我定个10分钟的闹钟，闹钟响了，你就要继续写作业。不过，你能好好写字还会有奖励的。"郭亮点点头，表示答应。

当天的语文作业共有三页生字，郭亮足足用了一个半小时才完成。这与平日永远写不完作业的郭亮相比，简直有了天翻地覆的改变。

就这样，赵老师和郭亮达成协议，完成阶段性的作业，就能有时间上的奖励。有时候，赵老师还会带些零食作为甜头，来激发郭亮的积极性。没过多久，郭亮就能和其他同学一样按时交作业了。

产生拖延行为有许多原因，最主要的一点，就是自己对要做的事情毫无兴趣。

没有孩子对家庭作业真正有好感，所以，孩子不喜欢写作业是很常见的。有些孩子有较强的自制力，在家长和老师的要求下能够很好地完成作业；而有些孩子宁愿被批评也不愿意写作业，对他们来说，作业的杀伤力远超过批评。

想要改掉孩子不喜欢写作业、反复拖延的情况，最重要的是要有合理的奖惩措施，而奖励要比惩罚来得更加有效。因为写作业对于很多孩子来说，本身就算是一种惩罚了。

对于奖励的内容也不能千篇一律，要不断更换奖励的种类——精神上的奖励，物质上的奖励，荣誉上的奖励，都能产生较好的效果。但家长千万要注意，可以加甜头，但不能不断叠加奖励的内容，否则只能让孩子把奖励要求提得越来越高，如不能满足就绝对不写作业。

家长要明白，奖励只是孩子完成作业的动力，不是孩子完成作业的酬劳。

/ 第四章 /

学习成绩还是要重点关注的

　　学生的天职就是学习，小学时的成绩固然不能决定一个人未来人生的走向，但家长仍不能忽视小学成绩的重要性。因为小学成绩是一面镜子，可以反映出孩子的学习能力、是否有正确的学习方法和习惯。

◇ 让自驱力激发孩子的学习热情

子曰:"知之者不如好之者,好之者不如乐之者。"孩子越是对学习有热情,就越能让他的成绩飞快提升。

可是,对于孩子来说,学习不是一件让他觉得很有趣的事情,因为动画片、游戏、漫画书、户外运动等都充满了诱惑。在孩子成为小学生之前,他往往会觉得玩耍才是生活的重点。

一旦上了小学,孩子的身份立刻发生了转变——学生的主要任务是学习,平日里大量用来玩耍的时间都要用于学习,环境也从家庭变成了学校,喜欢做的事情不能随心地去做了,他自然是不开心的。

所以,当孩子不能被激发出学习热情的时候,学习对孩子来说不仅没有意义,甚至是他的敌人,是他讨厌的事物。

要如何才能让孩子喜欢上学习呢?

对于这个问题的回答,自古以来就非常困难。不过,孔子提出热情在孩子学习时发挥着重要作用,也找到了对应的方法,那就是"因材施教"。

有些家长认为,因材施教应该是老师要做的事情,毕竟老师是教育者。我想说的是,就如今的教育资源来说,老师不可能照顾到每个孩子，更难以为他们量身制订教学计划。所以，要做到因材施教，让孩子对学习产生兴趣，家长必须多下些功夫，让自驱力激发孩子的学习热情，提高孩子的学习效率。

张明和妻子都是某名校毕业的高才生，两人在事业上一帆风顺，夫妻感情也非常好。因此，两人对自己的爱情结晶抱有非常高的期望，认为以他们的能力，断不会养育出一个在学习上不如他人的孩子。结果，现实并不如他们所想。

女儿小默上了小学后，学习成绩远远不如班级里的其他学生——不是她学不会，而是因为她完全不喜欢学习。

张明开家长会时听老师说，小默在课堂上老是无精打采，还经常跟同桌叽叽喳喳地说话；同桌不理她的时候，她就在作业本上乱画。老师说了她几次，结果都没有任何改变。

张明和妻子用尽所有的办法，都没能劝动小默上课时要认真听讲。小默也很无奈，她告诉爸爸妈妈，自己上课时就是不想听老师讲的内容，即便强打精神去听，没一会儿也会走神。

张明为了女儿的事情没少操心，最后搞得他在工作的时候也开始无精打采。上司吴森看出张明有心事，就问他最近遇到了什么事情，是否需要帮助。吴森这一问，张明马上就打开话匣子，把所有苦水都倒给了上司。

吴森听完张明的话以后，就讲述了自己孩子上学时发生的事情。原来，吴森的儿子小虎在刚上学时表现得跟小默没有什么不同，他对学习没有兴趣，甚至表现出强烈的排斥感。

吴森对小虎软的用过了，硬的也试过了，小虎还是没有任何改变。最后，吴森无奈地问："你不喜欢学习，那你喜欢什么呢？"

小虎想了想，给了吴森一个哭笑不得的答案："我喜欢看星星。天上的星星最好看了，要是将来我能到天上去看星星就好了。"就是这句话，让吴森找到了激发小虎学习兴趣的方法。

从那天开始，吃过晚饭后，吴森就会拿着新买的望远镜，和小虎一起出去看星星。吴森在白天抽时间了解了许多关于星座、星象的知识，一边看星星，一边给小虎讲故事。没多久，小虎就对满天的星星更加痴迷了。

一天，吴森指着天上的一颗星星，问小虎："你还记得这颗星星叫什么名字吗？"

小虎想了想，摇摇头说："不记得了。"

吴森又问："那你知道这颗星星和旁边那颗星星距离有多远吗？"

小虎马上又摇头说："不知道。"

吴森摸了摸小虎的头，语重心长地说："你不喜欢学习，就不认识字，又怎么能记得星星的名字呢？你不好好学习，就不懂算术，又怎能知道那两颗星星之间有多远呢？将来你还想到天上去看星星，这是只有当上宇航员才能实现的梦想。要成为宇航员，一定要在学习上超过其他人才行。"

那天过后，小虎就对学习焕发出热情，并且力争上游，生怕班级里的其他学生比他强，将来抢了他当宇航员的机会。

吴森讲的故事，给了张明很大的启发，他决定要把小默喜欢看童话故事的爱好利用起来。

一天，张明给小默讲了一个故事后，小默马上提出抗议："这个童话故事讲得不对，公主怎么能没跟王子在一起呢？坏人怎么能不得到惩罚呢？"

张明故作无奈地说："故事就是这么写的，爸爸也没有办法啊！那你说说，这个故事最后要怎么讲才是对的呢？"小默就按照自己过去听的童话故事，改变了今天张明所讲故事的结局。

几天以后，张明又讲起了这个故事，仍然是按照原本的结局讲的。小默皱着眉头说："爸爸，上次我已经把这个故事的结局改掉了，你怎么讲的还是错的？"

张明挠挠头，不好意思地说："爸爸没有记住你讲的那个结局，你能不能给爸爸写下来啊？"那天晚上，小默在爸爸的帮助下，在练习本上写下了她想要的童话结局，在这一过程中还认识了许多生字。

在张明有意识地配合下，小默不断地给童话故事写结局，她认识的生字越来越多。过了一段时间，她还开始尝试自己写一些非常稚嫩的故事，但也因此激发了她学习知识的兴趣，开始认真学习。

人们常说，一些人很"现实"。其实，人人都很现实，对事物是否拥有持久的热情，往往取决于它是否对自己有用，以及有多大的实用性。

孩子也是如此，如果一件事情对他有用、对他有意义，他就能燃起关注的热情。因此，家长要因材施教，找到孩子需要运用知识的地方，这样，孩子才能在运用知识的过程中发现自己存在的不足，进而激发学习热情。

◇ 成绩很重要，但不是最重要的

人们常说学生最重要的任务就是学习，衡量一个学生是否优良，标准也是他学习成绩的好坏。

成绩论，在很多老师、家长心中都是很有市场的：成绩好了，家长自然喜气洋洋，孩子要什么给什么，老师也会更加喜欢这个学生；成绩差了，家长自然怒气冲冲，一顿批评跑不掉，老师也会时时刻刻盯紧，让孩子不敢行将踏错。

那么，学习成绩对孩子来说，真的是最重要的吗？

对于小学生来说，学习成绩重要，但绝不是最重要的。在这一阶段，无论是让学生养成良好的学习习惯，还是让孩子逐渐认识到学习的重要性，都比学习成绩本身更重要。

小学生学习的大多是基础知识，是为将来上中学打下良好的基础。如果家长为了成绩把孩子逼得太紧，可能会影响孩子的学习心态。

菲菲险些因为看重成绩而犯错，幸好她最终守住本心，做出了正确的选择。

菲菲从小给大家的印象就是乖巧、听话，从来不做家长禁止的事情。上了小学以后，菲菲并不适应从一个无忧无虑的孩子转变成小学生这一身份，无论是陌生的环境，还是那些陌生的老师、同学，都让她有些手足无措。

心理上的负担，让菲菲在很长一段时间内对学习提不起兴趣，虽然她很听话地努力听课、看书、写作业，成绩也只能勉强地排在班级的中下游。

虽然爸爸、妈妈从来没有因此苛责过菲菲，但有时聊起其他成绩优异的小朋友时，不免会流露出几分欣赏和羡慕，这让菲菲很是难过。她时常想，如果自己也能考出优异的成绩，让爸爸、妈妈能够在别人面前炫耀一番，那该有多好呀！

一次期中考试的时候，菲菲被一道数学题难住了，又觉得这道数学题似曾相识，在哪里看到过呢？对，就是数学书后面的练习题。

现在，那本数学书就安静地躺在书桌里。顿时，一个小念头浮现在菲菲的脑海中：如果从书上找到答案把这道题做出来，能够多得十分，这次考试也许自己就能进步到班级前十名了。

想到爸爸、妈妈会因为自己成绩的进步而绽放笑容，想到自己能够得到老师的夸奖，菲菲的心情越来越激动，手慢慢滑向了书桌里。

然而，就在菲菲的手即将碰到书桌里的数学课本时，她的脑海中突然响起一个声音，那是妈妈温柔的声音："没考好不要紧，虽然成绩很重要，但这并不是最重要的。妈妈知道菲菲是个温柔善良、诚实乖巧的孩子，你身上有那么多的优点，它们并不会因为你成绩不够好就失去了。"

那是菲菲上小学后迎来的第一场考试，因为数学考了全班最后一名，她拿着卷子哭得很伤心。当时妈妈把她抱在怀里，温柔地对她说了这些话，然后又夸菲菲会弹钢琴，会画画，字写得也漂亮……

想到这些，菲菲赶紧把手收了回来，虽然她很想得到爸爸、妈妈和老师的夸奖，但她知道，如果自己真的通过这种方式得到了多出的分数，那么在得到这些夸奖的同时，她也会失去另一些更美好也更重要的品质，那就是诚实。

最终，菲菲还是没能想起这道数学题应该怎么做，她的考试成绩也没能进入班级前十名。但她的心里却非常轻松，虽然失去了那道题的得分，她觉得自己做了最正确的选择。

后来，菲菲把这件事情告诉了妈妈。妈妈听完菲菲的话后，非常高兴地夸奖了菲菲一番："能够做出正确的选择，这是非常了不起的事情。为了虚假的成绩而舍弃高贵的品质，那才是最愚蠢的行为。妈妈很高兴，你在面对诱惑时能约束自己的行为，没有做出错误的事情，这远比分数更可贵！"

对于学生来说，成绩绝不是最重要的。千里之行，始于足下，在孩子成为学生的这一阶段，更重要的是培养孩子养成良好的学习习惯和树立正确的人生观。

学习知识，不是只听讲、读书、写作业就算完成了任务，只有找到适合自己的学习方法，养成良好的学习习惯，学习成绩才能获得稳步提升。缺少学习方法，就只能死读书、读死书，等到将来要吸收的知识越来越多、越来越复杂的时候，死记硬背的方法就难以满足学习需求了。

树立正确的人生观，同样要从孩子小的时候就开始培养。许多家长并不重视培养孩子的人格、品格，认为孩子还小什么都不懂，长大后再慢慢教也来得及。实际上，孩子的年纪越小，家长教起来就越容易，讲的道理他记得越清楚。即便当时还不能完全理解，但随着时间的推移，在孩子遇到一些事情的时候，他自然会把自己听到的道理内化于心、外化于行。

如果家长忽视了孩子人格方面的教育，只盯着孩子的学习成绩，那么，将来很有可能让孩子一直是"孩子"。可见，家长可以疼爱孩子，但是当孩子走入集体生活甚至步入社会工作的时候，就要放手让孩子自己去拼搏。

◇ 语文学习，从这里入手

语文是我们生活中运用最多的一门学科，是孩子从小学到大学都要学习的内容，也是许多人终其一生都在学习的学科。这主要是因为在语文考试中，它不仅仅检验基础知识的掌握程度，更重要的是考查学生的写作水平、文学功底。许多孩子在学习语文知识时会有不同的偏向，这也是很多孩子每天使用语文知识但考试却拿不到高分的原因。那么，语文学习该从哪里入手呢？

在孩子学习语文的时候，除了语文老师要发挥关键的引导作用外，家长也需要确保孩子具有学习的兴趣，养成良好的学习习惯，重视孩子听、说、读、写能力的发展。

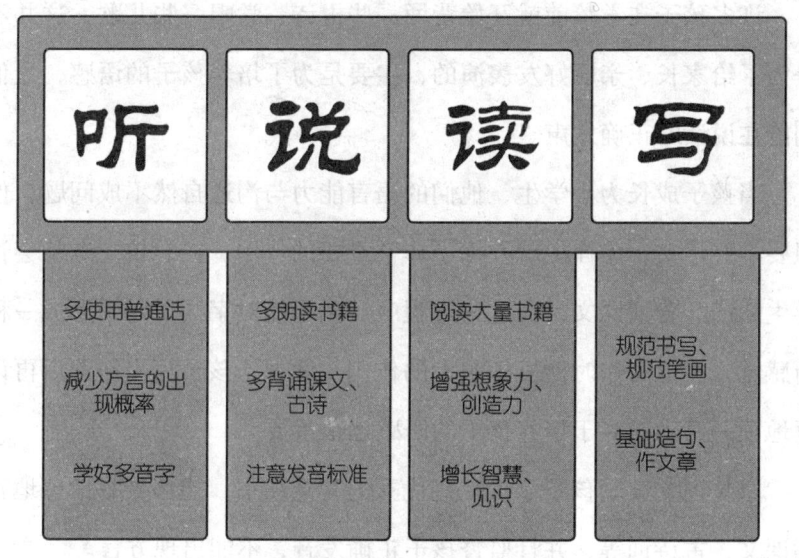

语文学习的"听说读写"

听，是一个正常人具备的基本能力，是人类认识这个世界最直观的方法之一。

在学习过程中，孩子除了看之外，听也是了解外界的一种重要方式。当孩子听到某个字、某个词的读音时，他就会在脑海中留下印象，听到的次数越多，记得就越清楚。之后，虽然孩子会在课堂上重新学习许多字词，但先入为主的力量非常可怕——他们在课堂上学字词的正确读音，有时候并不能纠正其第一次听到的读音。这就造成有些成年人对于某些字词的读音，依然是自己童年时期最开始听到的。

家长想让孩子学好语文，就要尽量保证自己对字词的读音准确——使用普通话，减少方言的出现概率；多音字的读音也要重点注意，不能把自己对字词的错误读音"遗传"给下一代。

说，是人与人之间沟通和交流的基础。

许多孩子在学龄前就开始背诵一些古诗、学唱一些儿歌，这并不是为了给家长、亲朋好友表演的，主要是为了培养孩子的语感，让他们能在说话时正确发声。

当孩子成长为小学生，他们的语言能力与沟通自然不成问题，但想要学好语文，怎样说就发挥了非常重要的作用。在学校，老师会让学生朗读、背诵课文，在这一过程中，孩子能对字词、句子形成一种新感觉，在他写作时能发挥很大的作用。此外，孩子写完作业后再认真地读一读，这对于培养孩子的语感也很重要。

家长还要鼓励孩子多读一些优秀的儿童图书，能够带有情感地背诵课文、古诗词等，并且监督孩子正确发音，不能出现方言。

赵明带小雨去小学开学报到时，觉得女儿在学校里肯定能排前几名。毕竟在学龄之前，小雨就已经能字正腔圆地背诵许多首古诗了，汉字也认识不少。他甚至觉得，自己已经系统性地教过小雨学拼音，一年级语文，小雨根本不用学也能拿到 100 分。这样出色的女儿，难道还不能轻易分到什么实验班、尖子班去？

结果，现实却并不如赵明所想。小雨能背诵古诗儿歌、认识一些汉字虽然已经很不错了，但要说是顶尖，还差得远呢。赵明亲眼看到一个和小雨一般大的男孩子，一字不差地阅读完学校公告牌上的一篇文章。显然，小雨逊色对方一筹。

等到男孩家长报名结束以后，赵明迫不及待地拦住对方，向对方询问到底是怎样的教育方式，才能让孩子认识这么多汉字，并有那么流利的朗读能力。

男孩爸爸不好意思地笑了笑，说他们夫妻俩的工作都很忙，孩子一直由外婆带着。外婆的年纪也大了，没有精力一直陪孩子玩，幸好孩子乖巧听话，就经常陪着外婆看电视。

外婆喜欢看韩剧，孩子就跟着看。但孩子毕竟是调皮的，当屏幕下方出现字幕的时候，孩子就会跟电视里的人抢话说，有不认识的字，孩子就问外婆念什么。慢慢地，当电视里的人物说完这句话以后，孩子也就知道那个不认识的字怎么读了。更加意想不到的是，孩子原本跟着外婆染上了浓重的地方口音，长时间跟着电视里的人物说话，居然彻底矫正好了。

对方的话让赵明目瞪口呆，他从来没想过，原来让孩子跟着电视念字幕还能有这样的效果。

阅读，是学好语文的另一个重要窍门。

我们常说写作时需要一种素养，阅读就是培养这种素养的一种方法。我们在写作的时候，不可避免会使用大量的想象、比喻，以便让文章更加优美。但是，人的阅历非常有限，即便是成年人也难以看遍世界上的著名景致、走遍世界上的繁华城市，更别说那些人迹罕至的地方，如神秘的海底、广袤的星空、过去的时代、未来的光景……

可以说，他人留下的文字，就如同给了孩子另一双眼睛，能带领孩子穿越时空去到他们难以企及的地方。同时，这些文本也能成为孩子写作时借鉴的内容。

喜欢阅读课外书籍的孩子未必有很好的语文成绩，但语文成绩很好的孩子一定喜欢阅读课外书籍，并有了充足的积累。这些积累，能让他们有超越同龄人的奇思妙想，能通过更恰当的比喻，把自己想要表达的内容描述清楚。

因此，让孩子多阅读书籍，不仅能帮助孩子提高语文成绩，还能增强孩子的想象力、创造力，增长他们的智慧和见识。

写作，是语文表达能力落于笔端的重要体现，与孩子的心志、思维、反应能力存在紧密的联系。长期练习写作，对于提升孩子的语文成绩更有帮助。

对小学生来说，写作主要包括两部分。

第一部分，要求孩子能规范书写。 每个孩子在刚刚学习写字的时候，都要先学习一个字的笔画。规范笔画，有助于孩子把字写得更规范、更美观，这是人与人之间用文字交流的基础。

第二部分，要求孩子能写较为简单的句子和文章。 这是在考查孩子的语言综合运用能力，是在培养孩子的思想表达能力，也是评测孩子掌握了多少基础知识的重要方式。对小学生来说，他写出的文字要通顺、有逻辑，能表达出自己的想法。

让孩子写日记，是积累写作素材、提高语文成绩的好方法。长期写日记，能够培养孩子的思考力、观察力、记忆力和文字表达能力，还能磨炼孩子的坚强意志。

许多家长要求过孩子写日记，但很多孩子没能坚持下来，半途而废。这主要是因为家长把孩子写作的起点定得太高、难度太大，导致孩子产生了厌恶情绪。让孩子写日记，最重要的是锻炼他的意志力，而不是他写了些什么——只要孩子愿意写，哪怕是写流水账、生活见闻、花草树木、小猫小狗等，家长都要给予鼓励，让孩子坚持写下去。久而久之，写日记的好处自然会显现出来。

"不积跬步，无以至千里；不积小流，无以成江海。"学好语文，需要孩子做好字、词、句、段的积累，好词、好句、好段积累得多了，提高孩子的语文成绩并不会很难。

◇ 小学数学，得这样学习

数学是一门非常重要的学科。许多人离开学校走入社会以后，如果从事的不是数学相关行业，他在学校里学到的高深数学知识基本就用不上了，但是小学数学除外。无论一个人多么讨厌数学，他也不能随口说出"小学数学没有用"，因为小学数学就好像人们的日常沟通一样，存在于我们生活的每个部分。

对于小学生来说，数学就显得尤为重要。在小学阶段，数学是他们考试中的主要科目；到了中学，新增加的物理、化学、生物等学科也以数学为基础。所以，小学数学没有学好，其产生的不良后果，很有可能会从孩子的小学时代一直延续到他的初中时代、高中时代，甚至是大学时代。

小学数学需要孩子掌握的知识并不多,主要是让孩子找到学习数学的方法,学会解答习题的思路。所以,学好小学数学也是有一些侧重点的,需要掌握一些窍门。

下面,我们来看看怎样帮助孩子学好数学吧。

第一,对于基础知识,一定要让孩子能够完全理解。

那些学不好数学的孩子往往不是因为不聪明,也不是因为缺少天赋,更多的是他们根本没有把学科中的基础知识理解透彻、完全掌握。所以,学习数学时,他们并没有找到学习窍门,只是机械地死记硬背相关内容,用学习语文基础知识的方法来学习数学。

这里要重点说明,数学与语文不同,几个数字、符号的组合就会千变万化,单靠死记硬背是绝不可能学好的。

小婧的记忆力从小就非常好,对于大人说的话,她听一次就能记住。王森一直觉得女儿是个学习的好苗子,但当小婧上了小学后,教孩子数学时常常让王森感到头大。

举个例子,今天上课老师教了加法,回家写作业时,小婧就犯了难,迟迟不能完成作业。王森去指导女儿写作业,一看女儿的作业本,当场就愣住了。他发现小婧对着"5+3=　"这道题发愁,而在她刚刚完成的数学题里赫然有"3+5=8"。

王森问小婧:"3加5等于多少?"小婧立马回答道:"等于8。"王森又问:"那5加3呢?"小婧撇撇嘴说:"不知道。"王森有点儿急了:"你好好想想,你肯定知道。"小婧想了一下,不确定地说:

"等于6？"

王森的头上开始冒汗，但他还是控制着语气说道："不对，你再想想。"小婧有点儿带着哭腔说："等于7。"看着小婧的样子，王森并不怀疑自己再多问一句，她就会哭出来。于是，他对小婧说："你跟爸爸到厨房里来，爸爸教你怎么做加法。"

来到厨房，王森从冰箱里拿出8个鸡蛋，说道："加号，就是表示把两边的数字合在一起，你能明白吗？"小婧似懂非懂地点了点头。接着，王森把3个鸡蛋放到左边，把5个鸡蛋放在右边，问："现在一共有几个鸡蛋？"小婧马上回答说："有8个。"

接着，王森又把左边的3个鸡蛋放到右边，把右边的5个鸡蛋放到左边，问："现在有几个鸡蛋？"小婧又很快地回答说："还是8个。"王森问小婧："那你现在知道5加3等于多少了吗？"小婧点点头："跟3加5一样，都等于8。"

从那以后，小婧就明白做好数学题不是要记住每个算式最后的答案是多少，而是要记住每个符号代表什么意思、每组相同的数字变化后如何计算，这样才能做对题目。

第二，数学是一门逻辑非常强的学科，要学好数学，理解过程比结果要重要。

上学的时候，相信大家都产生过这样的疑问：一道题即便自己已经知道了答案，却还是要写清楚解题过程，否则老师就会扣掉一定的分数。其实，这样做是为了培养孩子的逻辑意识。

因此，家长在辅导孩子写作业的时候，相比结果，更要重视孩子的解题过程——特别是应用题，每道题目都可能有不止一种解题思路。当孩子能想到多种解题方式的时候，就说明他学习数学的思路正在被逐渐打开，甚至有了举一反三的能力。到了这个时候，你至少不需要为孩子小学阶段的数学成绩发愁了。

第三，要学会灵活地看待问题，有大局观。

数学的学习过程和语文不一样，语文学习如同不断扩大的平面，不断积累、不断学习新知识，最终进行运用和实践。而数学则是在一个地基上不断叠加，每次学习新知识都需要建立在过去的知识之上——想要解决新问题，要妥善运用新旧知识。

解答一道数学题，如果把算式分解，找到正确的顺序后一部分一部分地解决，最后再将其统一起来就会容易许多。这个过程就是分解再组合，是运用学过的知识分解每个部分，最后再统一起来得到最终答案。

小学数学培养的是孩子的思维方式、逻辑性，更是在为其他学科打基础，其重要性不言而喻。所以，家长一定要让孩子在做题的过程中灵活运用公式，总结和巩固学到的规律，因为死记硬背得到的公式，其实忘得比背得还要快。

◇ 学英语，课外班不是必需品

现在的世界是个国际化大舞台，英语的重要性日益凸显。特别是随着互联网的高速发展，人们的交流时空被无限延展，地域距离被缩短，接触的外国文化、物品越来越多，英语出现在生活里的概率也在飞速增加。

无论是为了孩子将来能更好地融入社会，还是开阔孩子的眼界，让孩子尽早学习英语成为许多家长的选择。但是，英语学习比数学、语文学习更让家长犯难——如果不是进行与英语有关的工作，家长对自己的英语水平并不是很有信心。所以，在学校靠老师，出了校门就把孩子送去英语补习班，是家长认为提升孩子英语水平的最佳方案之一。

对于学好一门语言来说，最重要的有两点，即热情和感觉。课外班既不能让孩子产生学习的热情，也不能为孩子提供学习的感觉，只是通过增加时间积累的方式让孩子学到更多的东西。如果孩子的英语学习欲望不强，无论上多长时间的课外班都是没有意义的。

既然我们提到了热情和感觉，自然要从这两点着手培养孩子对英语学习的兴趣。

余丹是一家外贸服装店的老板,她的服装店规模很大,收入也不错。但是,每当她回想起创业经历时,都觉得自己本可以做得更好。在创业的过程中,她错失了许多机会,而这些都是因为她糟糕的英语水平,等她报了英语进修班以后,店面的生意才逐渐好转起来。所以,在她结婚有了孩子以后,她决定让孩子从小就学好英语,不再重蹈自己的覆辙。

在儿子小沙刚上小学,学校还没有开设英语课的时候,余丹就给小沙报了英语课外班。她心想,即便儿子现在没有语言天赋,也能通过两年的学习不落在别人后面。

最开始,小沙的学习进度还不错,每天回家都会向妈妈炫耀自己新学会的单词、句子。但过了一段时间,小沙就失去了英语学习的兴趣。转眼过了半年,小沙的英语水平仍然停留在最初阶段,即便给他增加课时,他也只是勉强学到一点儿新知识,然后很快就忘记了。

眼见送小沙去英语课外班已是无用功,余丹只好放弃了让小沙学习英语的想法。

不久,余丹的朋友从国外回来,送了小沙许多礼物,用来庆祝小沙成为一名小学生。礼物有漂亮的衣服、鞋子,许多小沙没有见过的零食、玩具,还有小沙最喜欢的乐高积木,以及几本色彩缤纷的儿童绘本。

兴奋的小沙一边吃着零食,一边玩着玩具。当小沙打开一本画有众多恐龙的绘本时,他的所有注意力都被这些可爱的图画吸引了。书上画有许多恐龙,形态不一,神色各异,唯一美中不足的就是上面的文字都是英文。小沙虽然学过一段时间的英语，但不学之后早就忘光了，这让他因为看不懂绘本内容而感到恼火。

为了看懂绘本上那些恐龙到底在干什么，小沙去询问妈妈。余丹接过绘本，一句句地讲给小沙听。从那天以后，每天晚上睡觉前小沙都和妈妈一起看绘本。

余丹非常感谢朋友送来的礼物，为她和孩子提供了更多沟通交流的机会，也让母子关系变得更加融洽。过了一段时间，余丹惊喜地发现小沙学会了许多新单词，于是，她决定利用小沙喜欢看绘本这一契机做些事情。

一天，又到了余丹跟小沙一起看书的时间，但余丹告诉小沙现在自己很忙，没有时间给他念绘本了。

小沙是个懂事的孩子，既然妈妈没有时间，自己就抱着绘本半懂不懂地看了起来。第二天，余丹要加班，直到小沙上床睡觉，她还没有回来。第三天，余丹刻意去了朋友家，让爸爸哄小沙睡觉。小沙知道爸爸不懂英语，自己看了一会儿绘本就睡觉了。

就这样，一段时间以后，小沙主动向妈妈要求自己想要学英语，于是，他重新回到英语课外班。这一次，他学得特别认真，每天都有新的收获。没多久，只要余丹给予一点帮助，他就能自己看绘本了。

余丹一直在给小沙买新的英语读本，小沙的英语水平也越来越好。

学习英语最重要的就是要有热情，没有热情，学习英语就会成为一种煎熬。在现代社会，因为兴趣爱好而自学外语的人并不少见，孩子越小，他对语言的感觉还没有完全固定，学习外语就会很简单。

　　学习语言，除了要有学习的热情外，感觉也发挥着重要的作用。人们常说学习一门语言，把他们放在周围只说该种语言的环境中，就能起到最好的效果。

　　为了帮助孩子学好英语，家长要努力给孩子创造适合他学习的环境，如参加国际夏令营活动；在日常生活中，家长要尽量找机会让孩子多说英语、多接触英语，创造英语对话交流的环境，如给孩子播放英文原版的动画片、扫码收听英文故事。语言使用得多了，自然而然就能培养出语感来，为孩子将来系统地学习扫清障碍，起到事半功倍的效果。

　　小学英语所涉及的知识并不困难，而且大多内容会在中学时再系统地重新学习，这就导致许多家长并不在意小学生的英语成绩。

　　其实，如同其他学科一样，小学英语学习发挥的重要作用之一，就是培养孩子对英语的感觉，消除孩子对英语的恐惧感和厌烦情绪。

/ 第五章 /

家长与老师的友好交流

　　友好的人际关系需要情感的维系，也需要拥有共同的目的。家长与老师应该是天然的伙伴，因为双方都希望孩子能有更好的学习成绩，在学校能有更好的表现。因此，家长与老师友好交流的同时，在共同目的上再增加一些情感因素，自然能让孩子受益匪浅。

◇ 孩子的学习和成长怎么样，老师很重要

小学是孩子性格塑造和习惯养成的重要阶段，对他们未来的发展有着重要影响。在这个阶段，除了家长之外，对孩子影响最大的就是老师。因为对孩子来说，老师就是他们学习生活中"权威"的代表，很多时候，老师对他们的影响甚至要远超家长。所以，你的孩子会变成什么样子，与老师怎样教育有着非常紧密的关系。

一些家长在孩子上了小学以后，就放心地把他全权交给学校、辅导班、兴趣班、托管班等各种机构去管理，仿佛只要把孩子送去这些地方，就能把所有关于孩子教育的责任移交给老师一般。

有些孩子已经上了几年学，但有的家长甚至连孩子的老师姓什么、教什么都不清楚，更别提了解那些教学老师的性格了，对于他们如何对待学生、怎样看待自己的孩子也是一概不知。

家长对学校和老师心存信任，这是一件好事，但也要清楚，不同的教学老师之间是有差别的。这种差别，不仅体现在教学老师自身的学识和教学质量上，还体现在他们的整体素质上。

教学老师都有着各自不同的性格特点、为人处世准则，一位老师究竟好不好，需要我们花时间和精力去接触、了解后才能做出判断。

在孩子的求学生涯中能够遇到几位好老师，对孩子的学习和成长都有帮助。相应地，如果孩子在求学生涯中遇到的老师并不那么"好"，或者与老师的关系无法调和，会给孩子造成一定的影响。

上小学之前，徐宁宁就是个特别活泼的孩子，有时调皮捣蛋起来让人招架不住。于是，在徐宁宁上小学后，徐妈妈便特意托关系把他分到一个据说比较严厉的老师的班级里，指望老师能好好管教他。

一开始，徐宁宁就跟妈妈抗议过许多次，说自己不喜欢班主任胡老师，不愿意待在这个班级。但是，徐妈妈从来没有在意过，甚至都没有认真听一听徐宁宁的想法——他究竟为什么不喜欢这位胡老师、不喜欢这个班级。

在徐妈妈看来，徐宁宁就是个捣蛋鬼、小魔星，被老师批评几句是非常正常的。况且，一开始她就特意想给徐宁宁找个严厉的老师，好磨一磨他的性子，又怎么可能给他"撑腰"呢？

后来，大概是意识到妈妈跟自己不在一条战线上，徐宁宁不再告状，也不再提自己在学校的事情。这让徐妈妈着实高兴了一阵子，以为儿子总算是服管了，自己也可以专注去做其他事情，至于教育和管理孩子，自然是留给专业的老师去做更合适。

但很快，徐妈妈就发现了徐宁宁的不对劲。以前的徐宁宁虽然喜欢调皮捣蛋，但批评过后，他也能立刻调整好情绪；而现在，徐宁宁的笑容变得越来越少，不再跟父母分享学校的趣事，也不再调皮捣蛋地搞恶作剧，脾气开始变得阴晴不定。

徐宁宁的改变，引起了徐妈妈的重视。她意识到，儿子一定经历了什么不好的事情，以至对他造成了影响。

徐妈妈准备跟徐宁宁沟通一下，想知道究竟发生了什么事。但此时的徐宁宁已经不愿意再向妈妈倾诉或求助，于是，徐妈妈决定去学校找班主任胡老师谈一谈，了解一下孩子在学校的情况。

第二天下午，徐妈妈跟胡老师约定好了时间。在去胡老师办公室的途中，徐妈妈路过徐宁宁所在班级的教室，便偷偷去看看他在课堂上的表现怎么样。令徐妈妈感到意外的是，她发现徐宁宁的座位在教室里居然是和其他同学隔开的，距离非常远，一眼看过去十分突兀，就好像他是教室里多余的一个学生。

正巧这时，语文老师让学生与同桌一起练习朗读课本上的一段对话。课堂上顿时热闹起来，每个学生都转头面向同桌开始大声朗读起来。只有徐宁宁因为座位远离他人，又没有同桌，只是一个人低着头不知道在想些什么。

这种情形，让徐妈妈感到非常难过，她从来没有想过儿子在学校会遇到这样的事情。跟胡老师沟通之后，徐妈妈也了解了事情的始末。胡老师比较严厉，徐宁宁又比较调皮，很快成为胡老师重点关注的对象。在一次次的交锋之后，为了"治一治"徐宁宁，胡老师干脆直接把他的座位独立出来，不让他打扰其他学生的学习。因为这份"特殊"待遇，徐宁宁渐渐成为跟同学们格格不入的那一个……

徐宁宁的班主任胡老师未必是一个"坏"老师，但他对徐宁宁的惩治方式，显然直接影响到了其他学生对待徐宁宁的态度。

对于小学生来说，在一个班级里，老师就是权威的象征，无论是那些听话的孩子还是那些调皮捣蛋的孩子,他们对老师都存着几分敬畏。因此,老师说的话、做的事以及对某个人或某件事的态度,都会对学生造成直接的影响。

所以,对于家长来说,孩子成为小学生并不是他们卸下家庭教育责任的开始,相反,应该花费更多的时间跟老师沟通,了解孩子的在校情况、老师的教育方式,并及时将孩子的情况反馈给老师。

要知道,一个班级有几十名学生共同生活在一起,在这种情况下,哪怕是一位优秀的好老师,他也不可能照顾好每一名学生,对学生的某些情况都会有所忽略。这时候,家长把孩子的情绪变化及时反馈给老师就显得尤为重要。

◇ 让孩子真正喜欢上任课老师

孩子的情感世界非常单纯,喜欢就是喜欢,不喜欢就是不喜欢。在学习方面也是如此,因为喜欢某位老师,他就愿意上这位老师的课,听这位老师的话;同样,也会因为不喜欢某位老师而跟老师对着干。

面对这种情况,很多家长都会苦口婆心地跟孩子讲道理:"学习是为了你自己,又不是为了老师,你要是因为不喜欢任课老师就不学习这个科目,到时候会影响你的学业……"

道理是这个道理，实际做起来却不是一件容易的事。哪怕是成年人面对不喜欢的人或不愿做某件事时，都很难控制好自己的情绪，更何况是刚上小学的孩子呢？对这个阶段的孩子来说，爱屋及乌几乎是一种本能。

所以，很多时候我们会发现，当孩子喜欢某位任课老师时，他在这一科目上的成绩往往会比较好。因此，让孩子喜欢上各任课老师，对他的学习和成长来说都是非常重要的。

有人可能会说，喜欢本来就是一种非常主观的情绪，别人怎能对其进行控制呢？其实，孩子的喜欢和讨厌是非常单纯的，并没有我们所想的那么复杂。

作为家长，我们完全有责任引导孩子，打消孩子对老师产生的负面情绪。如果处理不当，我们做出的无意识行为或说出的无意识话，可能会激化孩子与老师之间的矛盾，让孩子对老师更加反感。

楠楠今年刚上小学一年级，学校里的一切对他来说都充满了新鲜感。每天放学回家，他都会叽叽喳喳地和爸爸、妈妈分享学校里发生的事情，除了他的同学之外，讲得最多的自然就是各科老师。

楠楠最怕班主任林老师，因为她最严厉；他最喜欢教语文的宋老师，因为她的脾气好，还爱笑；教数学的方老师则是他最讨厌的，因为上数学课的第一天，方老师就批评了他。

孩子的好恶总是表现得特别明显，楠楠也不例外。因此，在他的讲述中，方老师总是有各种各样的缺点：性格古板、讲课无趣、眼神不好、讲题出错……总而言之，一切在老师身上可能出现的失误与意外，只要在方老师身上出现过，就会被楠楠无限地放大。

发现楠楠不喜欢方老师的时候，爸爸林勇并没有重视这件事情。在他看来，每个人都有自己的好恶情绪，孩子也一样，他们有喜欢的老师，自然就有不喜欢的老师，这是很正常的事情。甚至有时候，当楠楠抱怨方老师这里不好、那里不对时，林勇还会下意识地敷衍应和几句。

当发现楠楠的数学成绩并不是很理想时，林勇自以为，要么是楠楠没有数学方面的天赋，要么就是方老师的教学水平有问题。

直到后来开家长会，林勇和班主任私下谈话时才知道，原来楠楠每次上数学课时都不认真听讲，不是睡觉就是开小差，还常常不交数学作业，被方老师批评时还会顶嘴。

像楠楠这样因为不喜欢某位老师，就连这位老师教授的科目都不想好好学习的孩子其实非常多，孩子的情绪表达也总是要比成年人直接得多。但同时，孩子的好恶感往往也是来得快、去得快，通常不会有跨不过去的坎儿。

就像楠楠对方老师的恶感，只是源自上课第一天就被方老师批评。这件事让他感到难过，这种难过就成为他讨厌方老师的原因。如果在楠楠第一次表露出这种情绪时，父母能够引导他用更客观、更正确的方式看待问题，打消他对方老师的敌意，想必后面的事情就不会发生了。

那么，作为家长应该怎样做才能让孩子喜欢上任课老师呢？

第一，正确看待老师的职业和身份。

对于老师这个身份，很多家长会习惯性地抱有很高的期待，认为老师就应该有知识、有素养、有道德，不会犯错误。因此，当他们发现老师并不像自己期望的那样完美时，就会不自觉地流露出一丝失望或产生怨言。这种态度的变化，也会潜移默化地对孩子产生一定的影响。

其实，老师也是普通人，只不过他们正好从事了这样一份职业。他们有自己的情绪，同样会犯普通人犯的错误。我们应该学会用宽容的眼光看待老师，无论发生什么事都应该用平和的心态去面对、去沟通。

第二，维护老师在孩子心目中的形象和权威。

对于小学生来说，老师在他们心中是一种权威的象征，很多时候，老师的话甚至远比家长的话更能让他们信服。

孩子会听老师的话，还会模仿老师的行为，而这种内在的驱动力，对于孩子成长阶段的性格塑造和习惯养成非常重要。因此，维护老师在孩子心目中的形象和权威，是一件让家长要时刻关注的事情。

很多家长可能不会想那么多，当他们对老师的某些做法产生不满和质疑时，就会忍不住在孩子面前发出一些抱怨和指责。殊不知，家长这样的抱怨话语，非常不利于在孩子心目中树立老师的权威——当孩子不再崇拜老师，甚至对老师产生怀疑时，谁又能成为促使孩子努力变得更好的内在驱动力呢？

所以，家长一定要记住，千万不要在孩子面前随意议论老师的不足，尤其是当孩子向你抱怨老师存在的问题时，一定要正确引导孩子多去看看老师身上的优点，强化老师的权威性。

◇ 遇"师"不淑,家长应该怎么办

对于低年级学生来说,老师具有的权威性往往更胜于家长,因此,遇到一个什么样的老师,对于孩子的人生成长和性格塑造至关重要。那么,如果孩子不幸遇"师"不淑,甚至与老师发生了冲突,家长应该怎么办呢?

通常来说,家长遇到这种状况大概会有三种反应:第一种是责怪孩子,认为是因为孩子表现不好、不听话,所以老师才会对他有意见;第二种是向校领导投诉老师的种种"不良"言行,为孩子撑腰;第三种是具体问题具体分析,了解事情始末,安抚孩子,理智地与老师沟通、协调。

很显然,第三种处理方式绝对是"最优选择"。

我们说过,教师是一份职业,从事这份职业的人各色各样,有好的人,自然也有不好的人;有特别优秀的人,自然也有不是那么优秀的人。但很多时候,面对老师与学生的冲突,家长其实很难界定在这种冲突与争执中,究竟哪一方的责任更多。

一天,卢女士接到儿子涛涛的班主任打来的电话。班主任在电话中把涛涛严肃地批评了一通，说他调皮捣蛋不听话，其他学生都在为即将到来的六一儿童节文艺演出做准备，他却敷衍了事找借口，不好好配合集体活动，所以不用他上台参加这次演出了。

涛涛是什么样的性格，卢女士自然非常了解，这孩子真的能够干出这样的事来。卢女士只得不停地向班主任赔礼道歉，对班主任的处理也表示没有什么意见。

放学以后，涛涛眼睛通红地回到家，举着手朝着妈妈跑过来，一脸委屈的样子。看着儿子可怜巴巴的样子，卢女士非常心疼，但一想到下午班主任打来的告状电话就气不打一处来，就让涛涛回房间写完检讨书再吃饭。

对于卢女士来说，这样的事情已经多次发生，因此，她也没有放在心上。没想到，因为这件事，涛涛居然在当天晚上离家出走了。幸好小区里的人都认识涛涛，通过热心邻居的指引，卢女士在小区公园的假山旁找到了呼呼大睡且正在发烧的涛涛。直到这个时候，卢女士才发现涛涛的手指有些红肿。

原来，涛涛上体育课时不小心伤了手指，所以在排练弹钢琴时他才会频频出错。因为平时他实在太调皮了，导致老师根本不相信他说的话，以为他又在捣乱，所以才会生气地批评他，还不让他上台表演了。

原本就受了委屈的涛涛本想回家向妈妈诉苦，结果却被妈妈莫名其妙地罚写检讨书，在气愤之下离家出走。又因他手上的伤没能及时处理，才引发了炎症……

在这起事件中,老师必然是有错的。他错在没有了解清楚情况,就先入为主地认为涛涛找借口不好好弹琴,还不分青红皂白地批评和惩罚了他。但是,发生了这种事情,责任完全在老师本身吗?当然不是。如果涛涛平时不是太过于调皮捣蛋,又怎会给人留下经常不守纪律的印象呢?

当然,现在的重点不是探讨谁对谁错,也不是把责任推卸给哪一方,而是要找到一种解决方法。毕竟,我们未必能够在第一时间就全面了解到事情的真相,也未必能够立刻判断出对错而分清责任。甚至很多时候,即使我们认为老师不是那么"好",也没有能力立刻给孩子换个更好的老师。

那么,身为家长,在这种情况下能做些什么?或者说,家长应该怎么做呢?

遇"师"不淑,家长应该怎么办

- 给孩子说话的机会,理解孩子的情绪
- 理智反应,不要走极端
- 引导孩子学会自我开解
- 和老师理智沟通,建立信任关系

第一，给孩子说话的机会，理解孩子的情绪。

通常来说，当孩子遭遇到挫折或伤害的时候，他都会下意识地向父母寻求安慰。因为对于孩子来说，父母是他最亲近的人，也是最能带给他安全感和依赖感的人。如果孩子在遭遇到挫折或伤害之后不愿意向父母倾诉和求助，只能说明父母曾在孩子寻求安慰和帮助时拒绝过他，而且不止一次。

所以，不论什么时候，父母都不要先入为主地给孩子下定义、做判断，一定要给他说话的机会，试着去理解和接纳他的情绪。

第二，理智反应，不要走极端。

孩子和老师发生了不愉快，或孩子在老师那里受了委屈能够主动告诉家长，这是一件好事，说明孩子的心智成熟了一些。

此时，家长要把握好一个度，理智做出反应和判断，不要走极端：既不能觉得是鸡毛蒜皮的小事，就忽略了孩子的情绪；也不能偏听偏信，没有弄清楚状况就兴师动众地找老师的麻烦。

前者会让孩子在老师那里受了委屈后，又在家长这里"二次受伤"；后者则会纵容孩子继续犯错，让他有恃无恐，失去自我反省的能力。

第三，引导孩子学会自我开解。

现在的很多孩子心理承受能力都比较弱，只能听好话而听不得批评。对此，家长要帮助孩子提升耐挫力，这也是家庭教育中一个非常重要的环节。

在孩子与老师发生冲突时，无论责任在哪一方，孩子都会不可避免地受到伤害。这时候，家长最应该做的事情就是引导孩子学会自我开解，尽量减少这种伤害对他造成的负面影响。

第四，跟老师理智沟通，建立信任关系。

老师有做得好的地方，也会有犯错误的时候。要了解老师究竟做得好不好，比起从别人那里"听说"，不如自己亲自去了解和沟通才能更客观地做出判断。况且，教育这件事也是家长无法推卸的责任，与老师进行理智和密切的沟通，才能为孩子提供更好的教育。

当然，秉持对孩子负责的原则，如果确实发现了老师存在问题，家长一定要及时向校方反映，这样才能更好地保护孩子。

◇ 老师对孩子有偏见，家长要这样处理

孩子成为小学生之后，他会拥有很多新的老师和同学。这时候，很多家长会问孩子：你觉得老师和同学都怎么样，喜不喜欢新老师、新同学？老师和同学喜不喜欢你呢？

家长的这个问题并不奇怪，与人相处时能不能赢得对方的喜欢，直接决定了你的人缘好坏。尤其在孩子的心目中，老师是班级里权威的象征，能不能得到老师的喜欢，对每一个学生来说都是非常重要的事情。而且，老师对待某学生的态度如何，在某种程度上说，也会直接对这个学生的班级生活产生影响。

玲玲是个活泼好动的小女孩，无论到了哪里都是爱玩爱闹的。自从上了小学，玲玲没少因为不遵守课堂纪律被老师批评，连带着家长也常常接到班主任的电话。

为了改掉玲玲的这个坏习惯，爸爸、妈妈想尽各种办法，玲玲自己也付出了不少努力。过了一段时间，虽然她仍是好动，但至少能够控制自己尽量不去打扰其他同学。

对于玲玲的进步，家长觉得很满意。因此，在得知玲玲想要竞选班级干部时，家长都给予了大力支持。没想到的是，这件事情却给玲玲带来了很大的伤害和打击。

那天放学回家，玲玲就把自己关在房间里，连晚饭都不肯吃。在妈妈的追问下，玲玲才哭着讲述了事情的经过。

原来，今天班级里竞选班干部，玲玲举手自荐想要做纪律委员。没想到，老师不仅没有让她和其他同学一样上台演讲拉票，反而对她说："最能破坏班级纪律的就是你，你怎么能当好这个班干部？你还是先学会怎么严格要求自己，等你约束好了自己再说。"

老师的话让玲玲很是受伤，她想告诉大家，自己正在努力改变，之所以竞选这个纪律委员，就是希望能够更好地约束自己，促进自己成长，同时也为班级出一份力。可惜，老师的偏见让她连说出这些话的机会都没有，还遭到了同学们的嘲笑。

如果你是玲玲的家长，在玲玲遭遇了这样的事情之后会如何做呢？

其实，在现实生活中，类似这样的事情在很多家庭里上演过。

因为种种原因，老师对孩子有了偏见，从而导致孩子会在某些时候受到委屈。面对这种情况，有的家长会不以为意，觉得不过就是一件小事，有什么好伤心的；有的家长会批评孩子，认为如果不是孩子之前犯了错误，也不会让老师对他产生偏见；还有的家长会和孩子同仇敌忾一起抱怨老师。显然，这三种做法都无法取得理想的结果。

先说第一种做法。对家长来说，很多发生在孩子身上的事情，可能都是一些鸡毛蒜皮的小事，但这些小事对于孩子而言，却是他学习和生活的重要组成部分。无论这些事情在家长眼中显得多么微不足道，对孩子已经造成的影响却是实打实的，家长的不在乎只会让孩子更加委屈、更加受伤。

再说第二种做法。不管老师对孩子的偏见是如何形成的，但就眼前的事情来说，显然孩子才是受委屈、被伤害的一方。此时，家长还对孩子进行批评，无疑是对孩子的二次伤害。

最后说第三种做法。表面上看，家长的同仇敌忾似乎是对孩子的支持，是在为孩子"撑腰"，实际上，这种做法只会加重孩子的负面情绪，让孩子对老师更有意见，从而影响到老师在孩子心目中的形象和权威。这对孩子未来的教育显然是弊大于利，很可能激起孩子的叛逆心理，从而激化孩子与老师之间的矛盾。

那么，玲玲的父母是如何做的呢？

听完玲玲的讲述之后，妈妈非常心疼和生气：心疼女儿遭受的不公平待遇，生气老师的偏见。但是，妈妈仔细想了一下事情的起因，很快就收拾好了情绪。妈妈把玲玲抱在怀里，不断地安慰她："妈妈知道你已经做得很棒了，妈妈为你骄傲。"

等玲玲哭完、情绪平复之后，妈妈开始和玲玲一起分析老师为什么会那样说，是什么原因导致老师对玲玲产生了这样的偏见，并和玲玲一起思考应该如何解决这个问题。

在这个过程中，妈妈一直告诉玲玲：老师也是普通人，也会犯错误，老师说的话虽然伤害了你，但他的本意或许并非如此，只是希望你能更好地约束自己并取得更大的进步，这样才能得到老师和同学的赞扬。

安抚好玲玲之后，妈妈特意去找玲玲的老师进行了一番谈话。妈妈把具体情况告诉了老师，没有指责老师当时的说话态度和抱怨孩子的不听话，而是双方进行了深入地沟通。后来，老师主动向玲玲道歉，而玲玲也深刻反省了自己曾犯下的错误。

老师对孩子有偏见，家长的第一反应必然是生气、心疼、为孩子鸣不平，这些都是可以理解的。如果家长不能控制这种情绪，直接在孩子面前宣泄出来，无疑会让本就受了委屈的孩子觉得更加难受，加重自己"受害者"的分量，从而对老师产生更多的不满。

这样的负面情绪必然会对孩子造成不良影响，却又无法真正帮助孩子找到解决问题的方法。所以，在这种情况下，激化孩子与老师之间的矛盾没有任何好处。

除了家长与老师要达成有效的沟通，家长还要让孩子明白，在这个世界上，无论你多么优秀或者做得多么好，总会有人不喜欢你。

因此，当他人不喜欢你的时候，未必是因为你真的不好，只是他个人不喜欢你罢了。

当然，如果老师对孩子的偏见已经造成了比较严重的影响，或是已经对孩子造成了难以弥补的伤害，家长最好直接找校领导反映，而不是放任不管。

◇ 孩子又闯祸了，要这样跟老师沟通

对于家长来说，最难堪的事情莫过于被老师叫到学校开家长会。可要是家里偏偏有个"熊孩子"，这样的情形恐怕不会少见。

对于低年级的学生来说，老师扮演着非常重要的角色，甚至很多时候，老师这个角色的权威性在学生心中是比家长还要强的。因此，老师对学生的态度如何，对他未来的学习、生活有着非常大的影响。

如果你的孩子品学兼优并且讨老师喜欢，自然不需要担心这个问题；假如你的孩子总是调皮捣蛋，不遵守课堂纪律，你又要如何与老师沟通才能为孩子争取一点点印象分呢？

简单来说，家长需要注意以下几个方面。

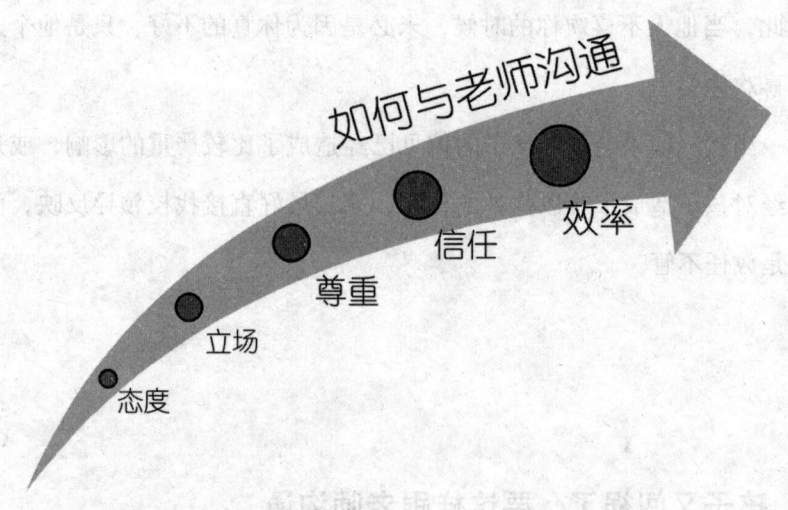

第一，态度。无论做任何事情，人们对态度积极认真的人总是会多几分宽容，家长跟老师的沟通也是如此。当孩子闯祸时，家长应该先摆出正确的态度，主动与老师沟通，积极认真地解决问题。家长做到这一点，至少能先给老师留下比较好的第一印象。

相反，如果在得知孩子闯祸后不管不顾，或者对这件事情表现得不以为意，必然会引起老师的反感，甚至可能将这种反感情绪延续到孩子身上。

第二，立场。但凡谈到孩子的家庭教育时，我必然会提及一点，那就是在教育孩子的时候，家长双方的立场一定要保持一致，即使意见有所不同也应私下协商，而不是当着孩子的面争论。否则，这很容易让孩子产生混乱感，不知道自己应该听谁的。

同理，当孩子闯祸之后，老师在处理问题时，家长一定要与老师统一立场。即使认为老师对某些事情的处理方式有问题，也应该私下与老师沟通协商，而不是直接当着孩子的面与老师发生争执。

记住，明智的家长都会尽力在孩子面前维护老师的形象与权威，而不是损害或打破它。

第三，尊重。 现实生活中，我们常常看到这样的情形：家长当着老师的面大声训斥孩子，有时甚至直接上手打骂，老师则尴尬地站在一边不停劝解。其实，家长这样的行为失之偏颇，无论对孩子还是老师来说，都不会让人感到舒服。

人都是要面子的，即便是孩子也不例外。家长当着老师的面训斥甚至是打骂孩子，只会让孩子感到十分羞耻和无地自容，这是对孩子自尊心的践踏与伤害。老师面对这样的场景，只会感到无比尴尬。可以说，家长的这一举动，不仅会对孩子的心灵造成伤害，也是对老师的不尊重。

更重要的是，家长这样做还会给孩子造成一种错觉，认为是老师找家长"告状"才导致了这样的结果。如此一来，孩子必然会将不满的情绪倾泻到老师身上，从而激化彼此之间的矛盾，然后产生更多的误会。

第四，信任。 人们往往会不自觉地按照对自己有利的方式来陈述事情，这就是为什么同样一件事，不同的参与者描述出来多多少少会存在一定的差异。因此，当孩子闯祸时，家长不仅要倾听孩子的声音，也要尊重老师的意见。尤其是在与老师沟通的过程中，一定要保持冷静与理智，先把事情弄清楚再决定怎么做。

陈女士就遇到过这样一件事。

一天，陈女士接到女儿宁宁班主任的电话，说宁宁在学校跟同学打架了,需要家长来学校配合处理一下。

听到这事,陈女士非常担心,虽然宁宁的脾气娇纵,但是她从来没有跟人打过架。下意识地,陈女士心中的天平已经偏向了宁宁,认为必然是同学欺负了她才会造成这样的结果。

去见老师之前,陈女士先找到宁宁询问究竟发生了什么事。宁宁告诉妈妈,她当时向班上一个关系不错的女生借纸巾,但不知道那个女生怎么回事,直接把纸巾丢到她的脸上。她一生气,才会跟那个女生动起手来。

这原本只是一件小事,真正让陈女士气愤的,是宁宁说老师批评她的时候说她是害群之马,还说她是班级里那颗坏了一锅粥的"老鼠屎"。这种极具侮辱性的言论让陈女士非常生气,她怒气冲冲地去了办公室跟老师大吵一架,把这件事闹得沸沸扬扬。

后来,陈女士才知道,当时老师批评宁宁时确实说过这种比较过激的言论,但在那之前,宁宁其实刚顶撞过老师,而且说的话还十分不礼貌。

最后,老师因为言论不当受到学校内部的一些处罚。由于这件事闹得比较难堪,陈女士被迫给宁宁转了班级。

如果陈女士当时不那么冲动,而是对老师多一点信任,或许事情最后会有另一种结局。现在,即使陈女士给宁宁转了班级,这件事已经在学校是人尽皆知了,其他班级的老师对宁宁和陈女士难道不会有其他看法吗?

更重要的是,陈女士的这一做法,显然直接损害了老师这一形象在宁宁心中的权威性,很可能会给宁宁造成一种错觉——认为只要自己能够争取到家长的支持,就可以为所欲为。这显然不利于日后老师对她的教育。

第五,效率。社交关系中,大家在谈论正事之前都习惯先来一段寒暄,拉近彼此的距离。很多家长也有这样的习惯,尤其是当孩子经常闯祸或不遵守课堂纪律,让家长觉得自己在与老师的沟通中处于弱势地位,他们更会习惯性地用一些寒暄话语来表达自己的亲近,或是特意说一些孩子在某些方面的优点,以求能为孩子增加一些印象分。

实际上,老师非常忙碌,这种看似友好的寒暄不仅无法获得老师的好感,反而会耽误老师的工作时间。因此,在与老师沟通时,最好的方法是直接就事论事,不要讲那些无关紧要的事情,讲求效率的沟通反而更能获得老师的好感与认可。

◇ 与老师建立无障碍的友好交流

老师也是社会工作者,跟其他职业一样需要付出自己的劳动。但有些家长还颇有一些矫枉过正的想法,认为老师不过是拿工资办事,是服务行业的从业者罢了——既然我们把孩子送到学校,老师就应该全心全意、无微不至地为孩子服务。

其实，家长的这种想法是大错特错的。如果老师仅仅是服务行业中的一种职业，他们所需要承担的义务就只有"教书"一项，至于"育人"这种费力不讨好的工作大可不必去做。

我们不必将老师捧上神坛，但也绝不能把老师当成服务行业的从业者。有些家长甚至对老师有敌视情绪，这是完全不必要的。让孩子更好地学习知识、快乐成长，这应该是老师和家长共同的目标。

老师在学校负责给学生传授知识，规范学生的道德行为，而家长需要在家庭中以身作则、查缺补漏，双方亲密无间地合作，才是老师和家长该有的相处模式。想要达到这一目标，双方必须进行无障碍的友好交流。

说了这么多，这样做究竟能为孩子带来怎样的好处？家长又该如何利用这一点呢？

与老师进行无障碍的友好交流，能让家长更好地了解孩子在校的情况。许多孩子在学校时的表现跟在家里的并不一样，对于孩子来说，家庭是他非常熟悉的环境，就意味着有安全感。但是孩子在学校就不一样了，学校里没有保护他的家长，老师和同学虽不算是陌生人，但与家长相比也是有区别的。

孩子在学校里会遇到各种各样的事情，会与各种各样的同学来往，表现出的状态大多与在家里是不同的。有些孩子在家里表现得非常乖巧，但到了学校却表现得非常兴奋，充满了冒险精神；有些孩子正好相反，在家里像"人来疯"一样上蹿下跳，但在学校里却难以打开交际圈子，沉默寡言，经常独处。家长如果单纯地以孩子在家里的表现来判断他的成长状况，得到的结果往往并不准确。

真正了解孩子在校情况的，毫无疑问是老师。

当家长与老师能够无障碍的友好交流，甚至交上朋友以后，老师自然会对孩子多照看一些。这对老师来说虽说是举手之劳，却是在老师的工作范畴之外。到了这个时候，家长就能有更多的策略帮助孩子成长，塑造其人格，帮助孩子健康成长。

在生活方面，家长对孩子的状态是非常了解的，而在学习方面，家长却不能对孩子的情况一无所知。相信许多家长都曾从老师口中听到过这样一句话："这孩子其实挺聪明的，就是不认真学习。"小学阶段的聪明，并不能说明任何问题，每个孩子只要上课认真听讲、回家认真完成作业，都能取得不错的成绩。因此，老师跟孩子成绩不理想的家长说这句话绝不是敷衍。

孩子的学习成绩差，不认真是其中一个原因，但这里说的"不认真"，是其他原因造成的。

那问题的真正源头到底在哪里呢？孩子是喜欢在课堂上说话、摆弄物品，还是神游外界看着其他地方发呆？孩子是学习越来越不认真后成绩开始变差的，还是他的成绩本来就不好，所以逐渐厌学导致在课堂上越来越不认真了？每个问题都要使用不同的解决办法，仅靠一句"认真点儿，好好学"解决不了任何问题。

如果家长与老师交流的机会不多，关系没有那么融洽，恐怕很难让老师认真分析、寻找孩子出现问题的关键点，之后还是家长自己去寻找解决问题的方法。因为这种事并非老师的本职工作，如果家长并不领情老师的劳心劳力，老师也宁愿多一事不如少一事。

萱萱是个乖巧的女孩，从小到大很少做让父母操心的事情——父母交代的事情，她总是能做得很好；父母不让做的事情，她绝不越雷池一步。要说萱萱有什么问题，那就是太过于胆小——一旦出了什么事，父母问起来，她就只会哭，什么都说不出来。

萱萱上了小学后，父母很少操心她在学校的情况，毕竟自家的女儿还是了解一些的。第一学期的几次阶段考试，萱萱都考了100分，成绩是全班第一。

在家长会上，杜老师对萱萱是赞不绝口，说自己当了这么多年老师，像萱萱这样学习好、爱劳动、守纪律的一年级学生不多见。谁都喜欢听别人夸奖自家的孩子，萱萱的父亲蒋先生自然喜不自禁，就和杜老师多聊了一会儿。

没想到，这一聊居然还有意外收获。小时候，两人住得很近，小学和中学上的也是同一所学校。虽然蒋先生比杜老师大了两岁，但相似的回忆还是很多的。

聊了一会儿，两人都有些不尽兴，于是约好改天一起出来详聊。一段时间以后，杜老师和蒋先生成了好朋友。

不料，萱萱的成绩没能保持住，新学期开学后的短短一个月内，她的成绩就出现了滑坡，从班级第一名变成了班级中游水平。

萱萱这样大的变化让父母非常担心，女儿在学校到底发生了什么事？是上课不认真听讲，还是因为其他事情影响没能好好学习？但只要一说考试成绩的问题，萱萱就只是哭不说话，让父母头疼不已。

无奈之下，蒋先生只好给杜老师打电话求助，希望杜老师能多注意一下萱萱的学习状态。

没多久，杜老师找蒋先生说明了情况。萱萱并不是上课不认真听讲，同学之间也没有什么问题，但萱萱总是伸着脖子并眯起眼睛看黑板。原来，萱萱学习认真，却忽略了视力健康的问题，早早就出现了假性近视的情况。新学期班级按照学生的身高情况重新排了座位，萱萱从前排换到了中间位置，她就有些看不清黑板了，所以成绩才会直线下滑。

搞清楚状况以后，父母开始注意萱萱的用眼健康问题，杜老师也特意把她的座位向前调整。在期末考试，萱萱又回到了班级第一的名次。

家长与老师建立无障碍友好交流的另一好处，就是老师会在某种程度上帮助家长应对一些紧急情况。孩子毕竟年纪还小，无论是面对他人还是复杂的环境，都很容易受到伤害。当孩子遭遇意外或紧急情况的时候，家长无论多么着急也是鞭长莫及，而老师在空间上距离孩子更近，相比家长有更加便利的条件帮助孩子。

家长与老师经常友好的沟通，当孩子出现紧急状况的时候，老师就能第一时间联系到家长。家长立刻委托老师以朋友的身份行使部分权利，让老师代替家长做出对孩子有利的决定。

家长无疑是这个世界上最爱孩子、最希望孩子好的人，老师教授孩子知识，在学校范围内保护孩子的健康成长也是分内职责。

但是，不管家长多么疼爱孩子，当孩子在学校的时候，他们始终有看不到的地方。因此，家长与老师沟通顺畅、关系融洽，老师就可以成为家长的眼睛、双手，帮助家长更好地照顾孩子。

/ 第六章 /

注意，孩子有小秘密了

小学时期是孩子独立人格形成的关键阶段，他们与家长的关系也开始发生了变化，从依附走向独立。既然独立的"自我"出现了，相伴出现的自然有专属于孩子自己的空间，也就是孩子有了自己的小秘密。

◇ 上锁的抽屉，神秘的日记

上幼儿园的时候，孩子什么事情都喜欢和父母分享：和小伙伴做了什么、幼儿园的午饭吃了什么、老师说了哪些话……孩子恨不得把自己做过的、知道的、见到的每件事都分享给父母。

然而，在上小学之后，随着年龄的增长，孩子渐渐有了自己的小秘密。他们不再喜欢将自己身边发生的每件事都告诉家长，就连家长主动问起时也会含糊其辞，甚至表现出不耐烦的态度。

孩子的这种转变让很多家长倍感忧心，毕竟孩子年纪小，心志不坚，稍有不慎就可能走上一条错误的道路。

"你侵犯我的隐私权，你这是违法犯罪！"

有一天，冯女士怎么也没有想到，乖巧的儿子会对自己说出这样的话。

说起儿子航航，冯女士真的是既骄傲又无奈：骄傲的是，航航小小年纪就已经变得聪慧、谨慎；无奈的是，航航的聪慧和谨慎都用在了跟父母的斗智斗勇上。

冯女士还记得，航航第一天上幼儿园的时候，他虽然没有像其他小朋友那样哭闹,但也是可怜巴巴地看着她,一直叮嘱:"妈妈,你要早点儿来接我回家,不要忘记了啊……"即使后来他在幼儿园有了小伙伴,回到家他依然像个小尾巴似的跟在妈妈身后,把自己和小伙伴学了什么、做了什么都复述给她听。

上了小学之后,或许是因为年龄渐增,航航不再像从前那样事无巨细都跟妈妈分享。一开始,冯女士还觉得挺欣慰的,毕竟自己也有事情要忙,不可能时时刻刻都回应儿子的童言童语。但渐渐地,冯女士就感到有些不对劲了。

每周有五天航航要去上学,而每天待在学校的这段时间,冯女士完全不知道航航在做些什么,交了什么样的朋友,有什么样的想法。更重要的是,现在的航航不仅不会再像从前那样把自己一天经历的事情与父母分享,而且连父母问起的时候,他也总是一副不耐烦的态度,什么都不肯跟父母说。

面对航航的改变,冯女士一开始还能自我开解,孩子毕竟长大了、独立了,不再事事依靠父母,这是他成长的必经之路。但是前阵子,冯女士发现航航似乎藏了什么小秘密——每天放学回家,他都会把自己关在房间里很长时间,不知道他在捣鼓些什么,就连往常最爱看的动画片也吸引不了他的注意。

面对航航的种种"不对劲",冯女士的心里打起了鼓,生怕孩子在外面交了坏朋友,被鼓动去干坏事。可是每次想要和航航谈谈,航航都是一副闪烁其词的态度,这让冯女士更加不安。

在这样的情况下,冯女士便打起了偷看航航日记本的主意。刚上小学的时候,老师就给孩子们布置过坚持记日记的任务,在冯女士的监督下，航航也逐渐养成了这个习惯。当时，为了保护孩子的隐私，冯女士还特意给航航定做了一个有锁的小抽屉，只是航航不知道妈妈留下了一把备用钥匙。

对于私自查看儿子日记这件事，冯女士有过一些挣扎心理，但对航航的担忧和关心战胜了一切，她终于还是打开了那个上锁的抽屉，翻开了那本记录着航航无数秘密的日记本。有了第一次，自然就有第二次、第三次……

一天，冯女士在查看航航的日记本时，发现上面写了这样一句话："真期待周日啊，童哥说要带我们去干大事，不知道是什么样的大事……"

看到这句话，冯女士就觉得心神不宁，旁敲侧击地问了航航几次，却始终问不出这个所谓的"童哥"是什么人。

到了周日，航航果然换了衣服要出门，告诉妈妈的理由则是"和同学约好了去图书馆"。

因为担心儿子，在航航出门几分钟之后，冯女士也戴上墨镜偷偷摸摸地跟在航航的后面。她没想到的是，原来这一切都是航航做的一个"局"。

航航之前就已经怀疑自己的日记本可能被偷看了，于是他就设置了一个巧妙的"小机关"——把几条细细的蛛丝黏在日记本的边上，只要日记本被翻开，蛛丝就会断裂。

发现日记本真被妈妈偷看之后，航航又特意在本子上留下了容易引人遐想的信息，结果还真的给冯女士来了个"人赃俱获"。之后，自然就是母子之间的争吵，以及航航对妈妈的指责。

冯女士虽然很伤心航航对自己的指责，但她并没有把这件事放在心上，以为航航只是跟自己闹闹脾气，过一段时间后就没事了。但自从那天之后，航航就再也没有和妈妈说过一句话，这让冯女士感到十分难受。

航航的班主任是冯女士的老同学。因为航航的事情，冯女士特地找了个时间把老同学约出来，一方面了解一下航航在班上的学习情况，另一方面也是想听听专业教育工作者的建议。

冯女士把自己跟航航之间发生的事情大致给老同学讲了一下，提到偷看儿子日记的时候，她虽然有些心虚，但还是无奈地说道："我也是出于关心，生怕他交了坏朋友做错事情。现在大家都说什么隐私权，但一个小孩子什么都不懂，父母难道不应该行使监护权吗？不了解孩子想些什么，怎么在他做错事的时候及时拉住他呢？而且，如果不是他什么都不肯说，不愿意和我交流，我能通过这种方式去了解他的想法吗……"

听了冯女士的话，老同学没有急着反驳她，而是说道："你说得对，孩子年纪小且心智不成熟，很容易受到外界的影响，甚至犯错。但是作为家长，不能苛求一个思想并不成熟的孩子站在成人的角度去考虑问题。"

冯女士认同地点点头，毕竟航航要真能明白妈妈的苦心，大概也不需要自己时时担心他会不会走偏路了。

老同学继续说道："其实，想要了解孩子想些什么，家长完全可以通过正当的手段去进行，不是只有偷看日记或者偷翻书包这样的方式。每个人都有表达欲，都愿意和别人分享自己的所思所想，孩子也一样。孩子不愿意和父母沟通，那说明亲子沟通出了问题，而且这个问题不是一朝一夕就能形成的。同样，要修复这个问题也不是一天两天就能完成的。如果父母能秉着尊重、平等的态度跟孩子多交流，孩子又怎么会不愿意告诉父母他心中的想法呢？再者，即使孩子有自己的小秘密，如果家长平时能多给孩子灌输正确的观念，锻炼他明辨是非的能力，又何必担心孩子会容易被迷惑而走错路呢？"

那天，冯女士和老同学聊了很多，心中豁然开朗。回家后，她和航航开诚布公地谈了一次，母子俩终于和好如初。

父母关心孩子的身心健康可以理解，但是不能动用不合理的手段。《中华人民共和国未成年人保护法》明确规定："任何组织和个人不得披露未成年人的个人隐私。"这里说的"组织"和"个人"，自然包括与孩子关系最为亲密的父母。父母有教育和管理孩子的义务，但绝不能以此为由干涉孩子的思想自由。

孩子不愿意和父母交流，父母要做的是找到造成亲子沟通障碍的缘由以便解决这个问题，而不是通过类似偷看日记、偷翻书包等不合理的行为去窥探孩子的隐私。

在这里，我再强调一下，独立本就是孩子成长的一种必然——随着孩子年龄的增长和思想的成熟，他们会越来越渴求独立的空间，开始注重自己的隐私。为此，父母要懂得尊重和捍卫孩子的隐私权，这才是对孩子真正的保护。

◇ 尊重孩子的个人空间

与人相处，最好的距离不是亲密无间、无话不说，而是保持恰到好处的距离，尊重彼此的个人空间。家长和孩子的相处关系，同样也是如此。

当孩子成长到一定年龄的时候，他就会想要拥有自己的私人空间，这是一种正常的需求。面对这样的情况，很多家长或许会感到手足无措，觉得孩子是在疏远自己。实际上，这是孩子成长的必经之路，家长应该做的是尊重孩子的健康成长，维护他的个人空间，而不是打着关心和爱的名义去侵犯孩子的隐私、禁锢孩子的自由。

在这一点上，苗苗的家长就做得很好。

从苗苗上小学开始，妈妈就为她准备了单独的房间。无论什么时候，父母在进苗苗房间之前都会先敲门，征求苗苗的同意之后再进入。正因如此，在父母的影响下，苗苗成为一个非常懂礼貌的孩子，尤其是到别人家做客的时候，她从来不会乱碰人家的东西，也不会在别人家里四处乱跑。

在生活中，父母和苗苗相处时，也会下意识去强化苗苗的隐私意识。比如，在洗澡、上厕所或换衣服的时候，妈妈都会提醒苗苗关好门，换下来的内衣要单独放好。父母在家里也会以身作则，时刻提醒苗苗有哪些事情是私密的，不容许别人侵犯。

此外，在涉及个人情感和界限的举动上，父母也会给予苗苗足够的尊重。比如，当父母想要拥抱苗苗时，都会在张开双臂时先问一句："我可以给你一个拥抱吗？"

有朋友看到苗苗一家子的相处方式觉得非常奇怪，便好奇地问苗苗妈妈："你们这样相处，不会让亲子关系显得特别生疏吗？父母和孩子本就是最亲密的关系，何必处处划分得这么清楚？"

苗苗妈妈却告诉朋友："人与人相处，哪怕关系再亲密也应该尊重彼此的私密空间，保持适当的距离。这不是生疏，而是一种尊重。父母和孩子的相处也是一样，在孩子的成长过程中，如果父母不能以身作则教会孩子维护和尊重个人的私密空间，就可能导致他在年龄尚幼、不懂得保护自己的时候被人伤害，或在以后成为一个不懂得尊重别人的'人来疯'。"

现实生活中，很多"熊孩子"之所以让人避之不及，就是因为他们缺乏分寸感和界限感——他们会随意触碰你的私人物品，理所当然地打扰你的个人时间，没有征得同意就侵犯你的个人空间。孩子之所以养成这样的坏习惯，与家长的教育脱不开干系。

对于孩子来说，家长就是他认识这个世界最重要的媒介，也是他的性格形成和人格塑造的重要参考模板——他会模仿大人的语言、行为，会被大人的世界观和价值观影响。如果家长在和孩子相处时一直缺乏界限感，孩子就不会认识到人与人之间应该保持合适的距离，这对他未来的成长和发展显然是没有好处的。

所以，在孩子的成长过程中，即使孩子没有主动意识到自己应该拥有个人空间，家长也应该注意并引导和培养孩子的界限感、隐私感。那么，家长应该怎么做呢？

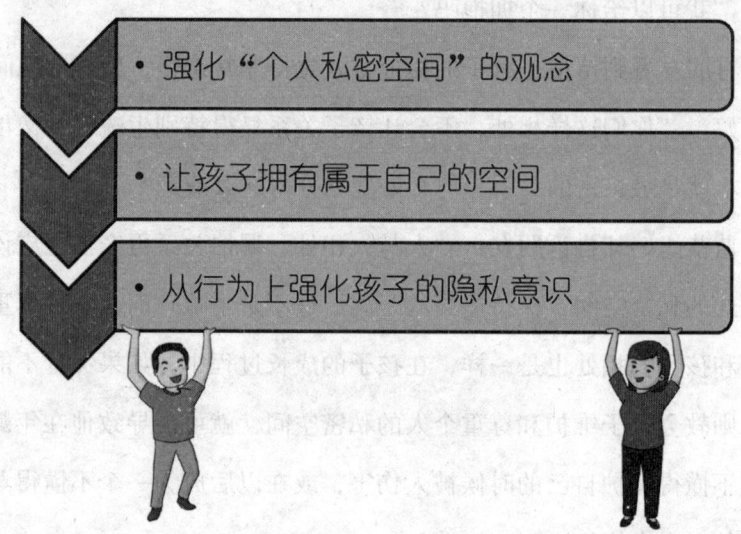

培养孩子的界限感和隐私感

第一，强化"个人私密空间"的观念。

跟孩子谈个人私密之类的问题，他不一定能理解，但家长可以借用形体和视觉让他明白究竟什么是个人私密空间。家长可以将一只手平伸再旋转一圈，然后告诉孩子，以自身为中心，手臂划过的区域就是个人私密空间。这个空间范围是孩子自己能做主的，他可以允许朋友和家庭成员进入，但绝对不能允许陌生人进入。同样，在获得别人的允许之前，孩子也不能侵犯别人的私密空间。

第二，让孩子拥有属于自己的空间。

这里说的空间，指的是地理上的空间。比如，给孩子准备属于他自己的房间，如果条件不允许，至少应该为孩子准备一个能够让他存放自己私密物件的箱子。这个空间，只能由孩子自己来支配，即使是父母也绝对不能侵犯。

第三，从行为上强化孩子的隐私意识。

家是最能带给我们安全感的地方，因此，很多人在家的时候行为举止都会比较放松。但是，家长的一言一行都在影响着孩子，尤其是正处于小学阶段的孩子，他的年纪还小，对于很多事情的认知还不全面，也不懂得区分在家和在其他场所的差别。但与此同时，他又到了开始思考和探索的年龄，会观察和模仿父母的行为，会在认识世界的同时进行自我思考。所以，在这个阶段，家长的引导至关重要。

为了强化孩子的隐私意识和提升孩子的自我保护意识，在日常生活中，家长应该从行为上时刻提醒孩子在做一些私密事情的时候，注意保护隐私。比如，提醒孩子在换衣服或上厕所、洗澡时，一定要记得锁门；进入父母卧室时要先敲门，同样，父母进入孩子的房间也要先敲门……利用这样的方式，注意每一个细节，可让孩子将保护隐私变成一种习惯。

◇ 成长是一个逐渐独立的过程

有人说，在所有类别的爱中，唯有父母与子女的爱是走向分离的，其他的爱都是走向团聚的。

成长是一个逐渐独立的过程。孩子年幼时对父母通常有着比较强的依赖性，因为那时候的他们无论是身体还是心理都非常脆弱，对这个世界了解得很少，父母对他们来说就是安全的保障。

随着年龄的增长，孩子的身体和心理都在成长，对这个世界的认知也在与日俱增。他们会渐渐地不再惧怕这个世界，进而产生探索的欲望，然后再慢慢地从父母身边离开，一点点地构建自己独立的世界。这是孩子成长的必经之路。

家长对孩子的爱从来不是恒久地占有，而应该是一场得体地退出：在孩子年幼时呵护他们成长，在他们成长时促进他们独立。

罗静的儿子小泽今年刚上小学。以前，罗静最甜蜜的烦恼就是小泽实在太黏人了，一会儿见不着她就哭着喊找妈妈。罗静常常跟朋友抱怨，有了这么个黏人的儿子，自己的个人时间和空间都没有了。

自从小泽上了小学，罗静却发现小泽和自己好像越来越疏远了。

从前样子的小泽不见了，现在别说是跟在妈妈身后了，就连罗静主动要求陪小泽玩，小泽都会不耐烦地推开她，说着："妈妈，你走开，不要打扰我，你去做自己的事情吧！"

在小泽小时候，家里就已经给他准备了独立的房间，一直以来，小泽每天晚上都要和爸爸、妈妈一起睡。但现在，小泽主动要求住自己的房间，不愿意再和爸爸、妈妈挤在一起了。

按理来说，小泽的改变应该让罗静轻松不少，但突然面对这种状况，罗静心中还是不可避免地涌起一丝失落。

为人父母，嘴上再怎么抱怨孩子黏人、侵占自己的私人时间，内心里其实都恨不得让孩子依赖自己一辈子。但孩子不是家长的附庸品，他终究会长大、独立，希望拥有自己的私人时间和个人空间。

周妈妈经常抱怨，说孩子上小学之后就和自己不"亲"了，孩子没事就经常问她："妈妈，你有没有事要去处理的？要不要出去？"一开始，周妈妈以为孩子是要自己陪着他做什么，但每次问完之后，就没有了下文了。

一个周五晚上，孩子又问道："妈妈，你周末有没有事呢？"

周妈妈想了想，回答说："有事啊，你黄阿姨要从美国回来了，妈妈要去机场接她。"

一听这话，孩子兴奋地脱口而出："太好了！"

孩子的兴奋让周妈妈感到有些惊讶，不由追问道："什么意思？我有事，你很高兴吗？"结果，孩子笑嘻嘻地说道："当然高兴啊！你出去了，我就可以做点儿自己的事情了。"

很多家长听到这样的话,大概都会感到有些失落和伤心,就像这位周妈妈说的,感觉孩子越长大就越和自己不"亲"了。

实际上,家长这样的想法并不正确。我们虽然说父母与孩子的爱最终会走向分离,并不是说亲子关系会随着孩子的成长而渐行渐远,也不是说父母要放弃对孩子的爱,而是说,随着孩子的成长,家长应该学会调整关心和爱护孩子的方式。

哲学家弗洛姆在诠释亲子关系时,这样说:"母爱的真正本质是关心孩子成长,也就是说,希望孩子与自己分离……而检验一位母亲是否真正具有爱的能力,就要看她是否愿意和孩子分离,并且在分离后也继续爱着孩子。"

孩子的成长不仅仅是指年龄的增长,更重要的是他内在的成长和成熟,而这些需要经历无数的事情、通过不断学习才能促成。如果家长始终将孩子护在羽翼之下,不让他经历风雨去做一些事情、承担责任,即使孩子成家后,他内在的灵魂依旧只会如同不懂事的幼儿一般。

当孩子走路还不稳经常不小心跌倒时,如果家长因为心疼就将他牢牢抱在怀里,孩子学会走路的时间会比其他孩子晚很久;当孩子尝试自己洗衣物,不是放多了水弄湿全身就是洗衣液倒多了时,如果家长因为害怕麻烦就把他推出卫生间,哪怕时间再久,孩子也学不会自己做家务;当孩子在困难或挫折面前跌倒时,如果家长亲自来帮孩子解决问题,而对孩子的情绪不管不顾将他护在身后,那无论孩子的年纪如何增长,他也无法学会独立……

因此,当有一天你发现孩子不再像从前那样依赖你,不再和你分享所有秘密的时候，作为家长应该感到高兴，为孩子的成长而骄傲，更应该给予他独立的空间去装载秘密，让他有独立的时间去自由地发散思维。

◇ 孩子不对劲，家长应该这么办

家长对孩子的爱是毋庸置疑的，因此，在孩子的成长过程中，家长总是有着过多的担忧——担忧孩子受到伤害，担忧孩子受到欺骗，担忧孩子一个不慎就走了弯路……

正因为这份担忧，家长才总是一次又一次干涉孩子的生活，刺探孩子的隐私。殊不知，这样的做法反而会成为伤害孩子的利器，让孩子与家长愈行愈远。

或许有家长会说："万一孩子真的遇到了什么事情，他又不肯告诉家长，最后出了意外该怎么办呢？"

确实，在孩子成长过程中可能发生的意外实在太多了，如防不胜防的校园暴力、谈之色变的青春期早恋、充满诱惑的逃学打游戏……在发现孩子有明显不对劲的表现时，家长怎么可能不担忧呢？

方敏最近发现女儿悠悠有点儿不太对劲，每天晚上都偷偷摸摸地不知道在和谁通电话，早上还没有到上学时间就嚷着要去学校。方敏拐弯抹角地问了几次，悠悠却只是捂着嘴偷笑，说："这可是个小秘密哦！"

虽然方敏很想继续追问，可转念一想，悠悠这样子显然是不想告诉自己，万一问得多了，她随意找个借口来搪塞，那还不如不问。可这事又不能不管，万一女儿出现了什么问题，不得让她的肠子都悔青了啊！

这可怎么办呢？方敏思来想去，决定私下里偷偷"调查"。

为了弄清楚女儿的秘密，方敏先是趁悠悠上学的时候，把她的小房间翻了个底朝天，把她藏着的小卡片、丢了的小发夹都给翻了出来；晚上趁悠悠睡着以后，方敏又偷偷摸摸地把她的书包翻了个遍，什么也没有发现，倒是瞧见不少她画在课本上的涂鸦。

悠悠的不正常表现，实在令方敏太担忧了。平时在家里，她还能盯着悠悠的一举一动，可悠悠在学校里就没办法了。辗转反侧几天之后，方敏实在不知该怎么办，只好找到悠悠的班主任，询问悠悠最近在学校里有没有不对劲的地方。

班主任听完方敏的来意，心里已经基本有谱了。她想了想，说道："悠悠妈妈，我认为这件事情或许你可以直接开口问悠悠。"

方敏叹了口气，说道："悠悠要是肯说实话，我就不用这么担心她了！"

班主任说道："那你有没有和悠悠谈过你很担心她，希望她能告诉你究竟发生了什么事情呢？"

方敏想了想，有些犹豫地说道："现在的孩子，什么都不愿意告诉家长，谁知道她成天都在想些什么呢……"

最后，方敏听取了班主任的建议，直接和悠悠进行了一番谈话。当悠悠听到妈妈对她的担忧后，脸上的表情似乎有些失望，说道："快要到母亲节了，老师说我们应该给妈妈准备一个惊喜，感谢妈妈平时辛苦地照顾我们。我和好朋友小晴都打算做模型，所以就一起商量着应该做什么样子的。好了，现在惊喜没有了……"

方敏怎么也没有想到，原来悠悠的"不对劲"是为了这件事；她更没有想到，原来就像班主任说的那样，很多时候，想要知道孩子在想什么、在做什么，其实并没有那么难。

家长对孩子的成长有所担忧，这种心情是完全可以理解的。但现在，很多家长在处理这种担忧时却进入了一个误区，认为要保护孩子让他远离危险，只能靠各种手段偷窥孩子的隐私来达到目的。

然而，无数的事实告诉我们，当我们试图侵犯孩子的隐私时，距离"真相"越近，我们和孩子的心就会离得越远。

当家长发现孩子"不对劲"的时候，应该做的不是去翻看他的日记和书包，也不是像间谍一样偷听他的电话、调查他的行踪，而是要与孩子心平气和地展开一场谈话，说出你内心的担忧与关心。

如果谈话无法让孩子坦诚内心的秘密，那么只存在两种可能：一种可能是，你们之间的关系本就出了问题，缺乏沟通与信任。这时候，或许你该好好想一想问题究竟出在哪里，只有解决了根源问题，才能真正与孩子建立亲密和信任的关系；另一种可能则是，这个秘密所涉及的不仅仅是孩子个人，让孩子有无法坦诚的理由。这种时候,家长应该做的不是刨根问底地寻求"真相",而是确认这个秘密会不会给孩子带来威胁,以及让孩子知道无论何时家长都是他最可靠的后盾,确保无论发生什么事情、何时需要帮助,孩子第一个想到的都是家长。

孩子是一个独立的个体,拥有秘密是他最基本的权利。一个不被允许拥有秘密的孩子,是无法在内心构建起安全感的,也是无法学会独立的。聪明的家长懂得给孩子提供独立的空间,保护他的隐私,这不仅能够让亲子关系变得更加融洽,也更有助于孩子的成长与成熟,让他能够成为一个身心健康的人。

要知道,孩子也有自己的思想,或许他会因涉世未深而显得懵懂无知,但这并不意味着他听不明白道理、不懂得和别人共情。

家长一直关注着孩子的情况,如果他最近"不对劲"的表现让你担忧万分,那么,你就与孩子进行一次开诚布公的正面沟通吧,向他传达你的关爱和担忧,给予他尊重和选择。

◇ 凡事多问问孩子的意见

对于孩子来说,大部分家长都像独裁者一样强硬地安排好一切,不会给孩子任何解释,也不会询问孩子任何意见——他们要求孩子必须做什么、不能做什么，却不会告诉孩子为什么必须做，以及为什么不能做。有时孩子多问几句，或者顶几句嘴，就会让家长恼羞成怒，一句"我是你爸爸/妈妈，你就得听我的"便结束了所有争端。

这就是在很多家庭中，为什么亲子关系越来越岌岌可危的原因。尤其是随着孩子年龄的增长，他开始有了自己的想法，迫不及待地想要获得独立时，亲子关系更是降至冰点。

其实，沟通与信任是相互的。家长希望孩子能向自己敞开心扉，能和自己分享秘密，就应该给予孩子相同的回应——和他沟通，与他分享，凡事多问问他的意见。

当你这么做的时候，你会发现，孩子其实远比你想象的要更加聪明，他的思维也远比你所以为的要更加成熟。

刚上小学的姣姣是个特别乖巧懂事的孩子，但凡认识她的人，都会惊叹她那彬彬有礼的言谈举止和开朗大方的性格。在学校，她是老师的好帮手，不仅能做好老师布置的所有任务，还能帮助老师一起管理其他学生；在家里，她是父母的乖女儿，从来不会无缘无故地大吵大闹，左邻右舍的人都非常喜欢她。

最令人感到羡慕的是，姣姣和父母的关系非常好，无论发生了什么事情，她都愿意和爸爸、妈妈分享。不像其他孩子，年纪越大就越不喜欢和父母沟通，有时父母多问两句，他们还会不耐烦地发火。

不少人请教姣姣的父母，究竟是怎么把女儿教导得这样懂事的。姣姣的妈妈彭女士倒也没有藏私，而是大大方方和其他家长分享了自己的"育儿经"："其实，我真的没有什么特别的育儿技巧，只不过有一点我一直坚持着，就是家里无论遇到什么事情或者需要做什么决定，我都会问一问姣姣的意见，毕竟她也是家庭的一员。"

对于这话，不少家长不大赞同，纷纷议论道："没有必要吧？一个小学生哪里懂什么道理，问他的意见估计也说不出什么，到时候他胡乱说一通或者与你胡搅蛮缠，那可怎么办呢？"

一位家长直接站出来现身说法："要真的听孩子的意见，那可就完了。一次，我儿子考试有了进步，我就答应给他一个奖励，结果他居然要求周末通宵打游戏！这种要求，咱们家长能同意吗？不说打游戏本身好不好，就说小孩子还在长身体时熬通宵也不成啊！"

看大家似乎都不大赞同自己的意见，彭女士继续说道："虽然孩子有时候提出的意见确实只凭自己的心意说话，考虑的问题也不周全，这是因为他们没有经验。如果我们不给予他们表达的机会，不去了解他们的想法，也不去告诉他们有的事情为什么可以做、有的事情为什么不能做，那他们是永远不会懂事的。

"而且，孩子作为家庭的成员之一，家里发生的所有事情，孩子都应该有知情权和决策权。如果是关于孩子自己的事情，他就更应该有发表意见的权利，不是吗？"

彭女士想了想，又接着说道："就说幼小衔接的那个暑假，很多家长给孩子报了兴趣班，我也想给姣姣报一个。当时，我带她参观了不少课程，让她自己去体验，然后选择自己感兴趣的兴趣班报名。后来，姣姣报了围棋班，一直学到现在，不久前参加比赛还得了奖呢！我认识好几个孩子的兴趣班都是父母直接报名的，但现在都没有继续学习了，有的甚至连那个假期都没能学完。"

彭女士的话，值得每位家长深思。要知道，孩子的年纪虽小，但他也有自己的好恶，有对外界事物的感知以及对人生的思考。他同样需要表达，需要得到家长的正视与重视，而不仅仅只是一句"孩子还小，不懂事"的评价。

对于很多事情，因心智与经验所限，孩子或许不能考虑得面面俱到，也无法真正给出成熟的建议。如果家长能够多多询问孩子，给予他表达意见的权利和机会，他将收获十分宝贵的东西，那就是来自父母的尊重。

这种尊重是相互的，当孩子能够感受到来自父母的尊重时，他自然也会回馈给父母同样的尊重，沟通与信任就是这样一步步建立起来的。

凡事多问问孩子的意见，让孩子拥有同意或否定的权利，这不仅是对孩子独立人格的尊重，也能促进孩子健全、独立人格的形成。

/ 第七章 /

掌控自我,从支配零花钱开始

虽然家长不需要孩子从小就拥有赚钱的能力,但还是希望孩子能正确地认识金钱并拥有合理支配金钱的能力,将来孩子独立时,支配其他资源自然会更得心应手。

◇ 零花钱，你这样给才是正确的

在孩子年龄较小，对金钱还没有形成概念的时候，孩子的吃、穿、住、行都是由家长一手包办安排好的。等孩子步入小学阶段，他的零花钱安排就该提上日程了。因为在这个时候，孩子多多少少已经有了金钱的概念，尤其是在上学之后，发现同学都有自己的零花钱，能够自主购买自己需要的、喜欢的文具或者玩具，而自己却没有的话，其自尊心很容易受到打击。

给孩子准备零花钱，这不仅是为了让孩子拥有和其他孩子一样的购买权，同时也是为了能够更好地培养孩子的金钱观。优秀的理财习惯需要从小培养，这也是家庭教育中一个非常重要的环节。

自从上了小学，肖骁几次向妈妈提出想要零花钱。但妈妈觉得，肖骁的年纪还小，没有什么需要用钱的地方，因为他的一切开销家里都能照顾到，即使给了零花钱也是拿去胡乱买东西，就没有同意肖骁的请求。

被妈妈拒绝了几次之后，肖骁就没有再提零花钱的事情，妈妈也没把这事放在心上。

渐渐地，妈妈发现，原本活泼开朗喜欢交朋友的肖骁好像变得沉默寡言了起来，而且都已经开学几个月了，他还没有交到要好的朋友。

妈妈觉得奇怪，担心肖骁是不是在学校被人欺负了，耐心询问之后，肖骁却情绪低落地说道："我不想和他们一起玩，他们都有零花钱可以去买卡片、玩具。前几天班长过生日，他们还一起凑钱给班长买礼物，我又没有钱……"

听到这话，妈妈愣了一下，不解地问道："妈妈只是怕你乱花钱，所以才没有给你零花钱。如果有要用钱的地方，你可以跟妈妈要呀，为什么不开口呢？"

肖骁撇撇嘴，委屈地说道："每次跟你要钱，你都问东问西的，还抱怨我乱花钱，我才不想跟你要呢……"

孩子也是需要社交的，而在社交过程中总会有需要花钱的地方，但很多家长都容易忽略这一点。更重要的是，有很多家长都和肖骁妈妈一样，觉得孩子如果真的有需要用钱的时候可以开口跟父母要，没必要像发工资那样定期给他发放零用钱。实际上，孩子也有自己的自尊心，如果每次需要用钱都得向父母开口，并且还得被"盘问"一番，这个过程就很容易伤害到孩子的自尊心。

所以，在生活中，家长关于给不给孩子发放零用钱，以及如何给孩子发放零用钱的问题，一定要慎重对待。比如，以下一些"错误"的处理方式就需要各位家长警惕。

问题一：孩子不需要零花钱。

当孩子向家长要零花钱的时候,有的家长经常会说出这样的话:

"小小年纪,要什么零花钱?"

"你要钱干什么?家里什么都有,别整天就知道乱花钱!"

"这 10 元钱你省着花,不许乱买东西,花完就没有了啊……"

当家长用这种方式回答孩子要零花钱的时候,对孩子而言,简直是一种伤害。孩子主动开口向父母索要零花钱,说明他很可能在生活中发现了同龄人有可以供自己支配的零花钱,孩子这时的请求,其实也是在向家长讨要这一份权利。

因此,当家长用这种方式拒绝或批评孩子的时候,只会让孩子陷入自卑心理中,慢慢还会丧失自信,认为自己不如别人,所以才不能拥有跟别人同等的权利。

问题二:无条件地满足孩子的花钱要求。

一些家长奉行"孩子要富养"的宗旨,认为区区一点儿零花钱根本不是问题——孩子开口要 10 元,家长就财大气粗地给 50 元。

家长会有这样的举动并不奇怪,谁都不想自己的孩子比别人差,恨不得把全世界最好的东西都捧到孩子面前。但问题是,对于小学阶段的孩子来说,他对金钱的理解和使用还不成熟,家长在零花钱方面的过度纵容很可能会间接影响到孩子正确价值观的形成,促使他产生不健康的攀比心理。

问题三:把零花钱和家务活挂钩。

一些家长认为,无论家庭条件怎么样,都应该从小让孩子明白不劳而获的思想不可取。因此,家长在给孩子零花钱时都会设置一些条件,把零花钱作为孩子完成这些任务的一种报酬。

比如，规定孩子做多少家务，就能获得多少零花钱；考试成绩达到多少分数、获得多少进步，就能得到多少零花钱。家长以为利用这样的奖励方式，既能让孩子摆脱不劳而获的思想，同时又能让他学会做家务和提升学习成绩，简直就是"三赢"。

实际上，家长这样的给予方式存在很大问题。久而久之，孩子很可能会习惯性地把金钱视为做一切事情的驱动力，甚至以此作为和父母谈判的条件。比如，当父母要求他帮忙做某件事情时，他就会和父母"谈价钱"，而意识不到自己本身就有承担家务的义务；或者在临近考试之前，以成绩作为筹码和父母"谈价钱"，而忽略了学习本就是自己应该完成的任务。

那么，零花钱究竟要怎样给才能避免以上种种问题，让孩子能够从小就培养出正确的金钱观和理财意识呢？家长可以从以下四个方面来考虑。

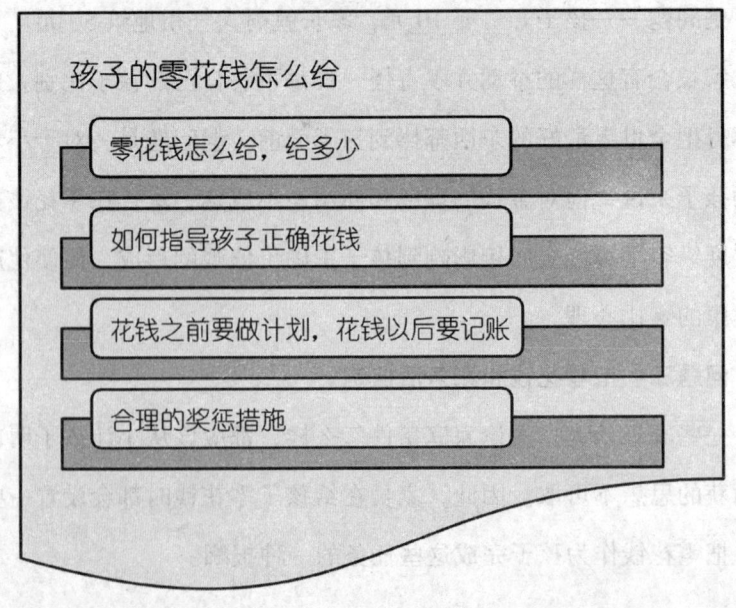

孩子的零花钱怎么给

- 零花钱怎么给，给多少
- 如何指导孩子正确花钱
- 花钱之前要做计划，花钱以后要记账
- 合理的奖惩措施

第一，零花钱怎么给，给多少。

在小学阶段，孩子的金钱观还未完全成型且自制能力较差，家长在给孩子零花钱时最好不要一次性给太多，一般以周为单位给孩子一定金额的零花钱。

至于零花钱应该给多少，家长可以考虑自家的消费水平，以及孩子在学校可能涉及的花费。此外，家长还可以给孩子准备一个储蓄罐，鼓励孩子养成储蓄的习惯。

第二，如何指导孩子正确花钱。

零花钱既然给了孩子，自然就应该由孩子自己去安排，家长不应该过度干涉，但要适度地给予孩子一些建议。当然，这里需要注意的是，家长只是给予建议，孩子究竟要如何花这些钱还是由他自己去决定。即使家长不赞同，也应该给予孩子充分的尊重。

第三，花钱之前要做计划，花钱以后要记账。

给孩子准备一个笔记本，让孩子在安排每一笔花销之前写好消费计划，孩子就会逐步养成花钱之前做计划的习惯。这样做，能够更好地培养孩子的理财意识和理财能力。

每一次花销之后要记账，这可以通过记账内容和计划内容的比较，找出计划外的冲动消费，并引以为戒。

第四，合理的奖惩措施。

利用零花钱给孩子设定一些奖惩措施确实有效，但需要注意的是，这种奖惩措施最好是与零花钱相关的内容，而不是和家务活或学习成绩之类的事情挂钩。因为这些原本就是孩子应该自觉去承担、完成的任务，不应该因此而获得额外的报酬。

家长还可以给孩子制订一些规则，比如：花钱计划做得好或记账内容清晰明了，可以获得额外的奖励；如果做得不好，则需要接受惩罚，就是扣除一部分零花钱；可以给孩子设定一个储蓄目标，如果能够在一定时间内达到，则会有额外奖励。

◇ 把零花钱当成孩子的"固定福利"

很多家长没有给上小学的孩子发放固定零花钱的习惯，通常是孩子有需求的时候才给，或是逢年过节给孩子发红包。

一些家长会把零花钱当成一种奖励，在孩子某方面表现得比较好的时候，就大方地给孩子一些零花钱。在家长看来，孩子的年纪小，吃、穿、住、行各个方面都不需要他操心，所以，他并没有需要自己花钱的地方。

实际上，与金钱打交道，对帮助孩子金钱观的形成和理财意识的培养大有助益，还能锻炼孩子独立生活的能力。

有的家长可能会说："不就是培养孩子的理财意识吗？只要让他们知道怎么用钱就行了，怎么给孩子零花钱又有什么影响呢？"

在回答这个问题之前，大家不妨一起看看下面两个家庭用不同的方式给孩子发放零花钱，究竟会对孩子造成怎样的不同影响。

小罗和湘湘是邻居，他们在同一所学校上学，而且还是同桌，常常一起结伴上下学，关系十分亲近。

小罗的家长从小罗上一年级的时候，每天都会给他2元作为零花钱，由他自己支配。这是开学之前父母和小罗约定好的。

湘湘的父母并没有固定给湘湘零花钱的习惯，但在平时的生活中，会经常"奖励"她一些零花钱。比如，今天帮妈妈扫地，明天考试成绩有所进步，后天写黑板报得到老师的表扬……总之，发生在湘湘身边的一切事情都能成为获得奖励的契机，因此她身上并不缺钱。

一次，小罗和湘湘都看中了一个玩具模型，这个模型的价格在100元左右。因为小罗平时有储蓄的习惯，现在盘点了下自己的"资产"有几十元后，他根据自己每天的固定福利做了个简单的计算，发现自己只要能在接下来的两周内不乱花钱，就能攒够买模型的钱了。于是，小罗非常开心，决定自己攒钱买下心仪的模型。

湘湘平时没有储蓄的习惯，但她对于如何让父母给自己零花钱这件事，做起来简直得心应手。于是，放学回家之后，湘湘看到妈妈在准备晚饭，便笑嘻嘻地去帮妈妈择菜，之后便扯着妈妈的衣服撒娇："妈妈，我今天帮你择菜了，是不是很乖呀？"

妈妈笑着摸了摸湘湘的头，夸奖道："乖，宝贝今天可乖了。"湘湘把手一伸："乖宝宝是不是应该有奖励呀？"

爸爸下班回来了，湘湘殷勤地凑过去："爸爸，你工作是不是很辛苦呀，我给你捏捏肩膀吧？"然后，她站在沙发上对着爸爸的肩膀敲敲打打，之后又故技重施从爸爸这里拿到了"奖励"。

就这样,等湘湘把这个套路在爷爷、奶奶、外公、外婆身上都用过一遍之后,买模型的钱就凑够了。

对小罗来说,零花钱是一种固定福利,所以,当他需要一笔数额较大的支出时,他更多地是去思考怎样分配和安排自己的零花钱,才能更高效率地积攒出自己需要的金额。在这个过程中,小罗的理财意识和储蓄意识都得到了锻炼。

湘湘则不同,对她来说,获取零花钱是有"套路"的,她知道做什么事情能够从家长等长辈身上得到零花钱。因此,她没有想过自己要存钱,也没有做过安排零花钱的详细计划,而是在有需要的时候就利用"套路"去得到零花钱。

上述案例不过是两种不同的零花钱获取方式,却可能影响到孩子的金钱观和理财意识的形成。那么,在给孩子发放零花钱的时候,家长应该注意些什么呢?

第一,分清福利和义务,不要让金钱变成孩子做事情的内在驱动力。

家长应该明确:给孩子零花钱是家庭的一项正常开支。换言之,作为家庭的一份子,零花钱是每个孩子都应该享有的福利,这项福利不应因为他没有做什么或者做了什么而有所改变。

家务活是孩子身为家庭一份子理应承担的义务,承担家务和能不能获得零花钱,这二者之间没有任何关系,也不应该被联系起来。同理,学习也一样,努力学习取得好成绩这是身为学生的本分,同样不应该与零花钱的获取产生任何关联。

如果家长不能帮助孩子认清这些道理，反而把福利、责任和义务混为一谈，很可能会给孩子树立错误的价值观，让孩子无论做什么事情都习惯以金钱作为驱动力。

第二，用按需分配的方式发放零花钱。

既然给孩子提供零花钱属于家庭中的一项正常支出，这项支出数额，就应该考虑到家庭的实际承受力以及孩子的现实需求——既不能造成家庭负担，也不能过分超过孩子的现实需求。

第三，让孩子从乱花钱的错误中学习遵守规矩。

在进行金钱管理的过程中，每个孩子都会不可避免地产生一些错误行为。比如，在不适合的场所进行了不适合的消费，或在冲动之下进行了让自己后悔的消费。

作为家长，最应该做的就是树立好规矩，并以身作则去遵守规矩、维护规矩。当孩子产生了乱花钱的后果，家长应该让孩子先学习规矩，同时也让孩子懂得哪些文具可以买、哪些玩具不能买，这样才能让他真正记住教训并汲取经验。

◇ 理财意识要从小培养

有的家长不愿意给孩子零花钱，不是因为舍不得钱，而是不希望孩子过早地接触金钱，担心孩子会因此变得过于物质。

事实上，家长的这种认知是错误的。儿童心理学家认为，孩子对金钱的兴趣是与生俱来的，早期的财商（全称为 Financial Quotient，编号为 FQ）教育，对于孩子树立正确的金钱观非常有帮助。

换言之，孩子对金钱有着与生俱来的兴趣，这种兴趣不会因为家长不让他接触金钱就有所消减。相反，孩子会通过观察和模仿大人的行为，用自己的方式去认识金钱、树立金钱观，但在这个过程中非常容易出现偏差。因此，越早让孩子认识金钱，越早培养孩子的金钱观和理财意识，恰恰是对孩子最好的财商教育，也更能让孩子用正确的态度认识金钱、使用金钱。

许婷婷在身边的同龄人中，算是个"小富婆"了——她已经有了上千元的存款。平时过节或者家里长辈过生日，婷婷都能潇洒地拿出自己的私人财产给大家买礼物。

婷婷刚上小学一年级时，妈妈就开始正式给婷婷发放零花钱。妈妈告诉婷婷，这是她作为一名未成年家庭成员能够享受到的固定福利，但既然是定时定量发放的，就需要遵循一定的规矩。

刚开始的时候，妈妈按一天 2 元给婷婷发放零花钱，同时还给婷婷准备了一个储蓄罐，鼓励她养成储蓄的习惯。为了激励婷婷，妈妈还和婷婷做了约定，如果每个月婷婷能够有一定数额的存款，妈妈还会额外再给她一些奖励。

一段时间之后，妈妈开始改为按周给婷婷发放零花钱。刚开始，婷婷并不习惯拿到一周的"巨款"，不免有些控制不住而发生了冲动消费。于是，一周还没有过完一半，她就把钱都花完了。

妈妈并没有因此而责怪婷婷，也没有因此就多给她零花钱。这样的情况发生了两次之后，婷婷就汲取了教训，开始控制自己花钱的欲望。

当婷婷有了一定数额的存款之后，妈妈送给婷婷一个笔记本，开始教她如何在花钱之前做计划以及花钱之后如何记账。两人还约定，如果婷婷能够做好这件事，妈妈会给她发放额外的奖励。相应的，如果婷婷不认真做这件事也要接受惩罚，就是被扣除一定数量的零花钱。

不得不说，婷婷虽然年纪小，但是她的理财意识已经比很多高年级的同学都要好。她懂得储蓄，懂得节制，也懂得正确地使用金钱、安排金钱，而这一切都归功于妈妈对她的财商培养。

那么，家长在培养孩子理财意识的时候，需要注意哪些内容呢？

第一，让孩子认识金钱。

在培养孩子的理财意识之前，家长应该先让孩子认识金钱，了解金钱的含义。只有先认识金钱的本质，了解金钱的用途，孩子才能树立正确的金钱观，更好地使用金钱。

第二，培养孩子安全消费的意识。

既然给了孩子零花钱，就应该让他做主去处理属于自己的财产。但与此同时，加强孩子的安全消费教育是必不可少的。

孩子的好奇心一般比较重，会对一切自己不了解的东西都感兴趣。等他有了零花钱，就意味着他可以自主购买一些自己感兴趣的东西。但这些东西未必都是安全、健康的，这时就需要家长帮助孩子树立安全意识，避免因好奇而购买到不安全的东西从而伤害到了自己。

比如，家长可以教导孩子识别食品包装袋上是否有"QS"质量安全标志，或教会孩子购物之前检查商品的生产日期和保质期等，让孩子重视食品、玩具、文具等常买商品的质量问题，养成安全消费的好习惯。

第三，引导孩子学会节制欲望。

人都是有一些贪心的，看到喜欢的东西就想拥有，拥有了以后还想要更多——很多理财意识不强、消费观念有问题的人，说到底就是因为不懂得节制自己的欲望。所以，在培养孩子理财意识的时候，家长要引导孩子学会节制欲望，在消费时懂得权衡和取舍。

比如，家长在给孩子发放零花钱时不宜给太多，而是应该根据当地的消费水平和孩子的实际需求设定合理的数额。如果孩子因为不能节制欲望而过度消费，就算是提前将一个月的零花钱用光了，家长也一定要坚守规矩，不能给孩子额外的零花钱，让他明白放纵的后果是什么，同时让他体会一下承受这种后果的苦恼——当他再遇到喜欢的物品，也没有办法购买了。

只有亲身体验过、经历过，孩子才能牢牢记住这些教训。

第四，教育孩子学会分享。

很多孩子有了零花钱之后都只花在自己身上，而不会想着用来回馈父母与长辈。孩子之所以会这样做，不能说明孩子的本性自私、不懂分享，而是在孩子看来，自己的零花钱是家长给的，表明家长比自己更有钱，那就没必要在父母身上花钱了。

在这种时候,家长一定要让孩子明白,无论是对家人还是朋友来说,爱都是相互的,要想维系彼此的感情就要学会分享。其最重要的一点,是在于心意的传递,而不是要让拥有多的人分给拥有少的人。

在生活中,家长要引导和启发孩子,在特殊的日子主动拿出零花钱购买一些小礼物送给家人和朋友,以表达自己的心意。

◇ 给孩子开个银行账户

孩子的财商需要从小就开始培养,家长可以为孩子设立一个独立的银行账户,实现孩子个人财富的专款专用,同时能让孩子一起参与办理各种不同的业务,让他来打理人生的第一笔财富。

在卓阳成为小学生时,卓先生就经常向儿子普及理财知识。在卓阳生日当天,卓先生带着他去银行开通了社会保障卡的金融功能,代替银行卡用来存取款。

以前,在爸爸的引导下,卓阳一直有储蓄的习惯。在开通社会保障卡金融功能的这天,卓阳就郑重其事地把自己积攒下的4000多元存了进去,密码是他自己设置的,连爸爸都不知道。

办理好存款之后,卓先生就把卡交给了卓阳由他自己保管。父子俩约定好，除了学习和生活上必需的费用之外，额外的花费都将由卓阳自己来安排。

一开始，卓先生还担心儿子会乱花钱，后来他发现，大概因为是自己积攒的钱，卓阳花起来反而比平时还要精打细算。而且，自从有了自己的账户，他每次进行计划外的消费时都会再三斟酌。

储蓄是有利息的，当卓先生向儿子展示银行发放的几元利息时，卓阳表现得非常兴奋——这是他第一次知道，原来储蓄还能够"钱生钱"。有了这样的认知，卓阳的储蓄热情更加高涨，花钱时也更加精打细算。

为了让卓阳对理财有进一步的认识，卓先生还给他看了自己定投基金的账户变化，让他对基金定投这样的理财方式有了粗略认识。

卓阳非常激动，在大致了解了基金定投的收益与风险后，他考虑了很久，最后拿出3000元的本金交给爸爸，让爸爸帮助他定投基金。此外，现在的卓阳只是一名小学生，卓先生并没有过多让他接触市场上其他五花八门的理财项目。

不得不说，自从卓阳有了个人银行账户，他对金钱的管理确实成熟了很多，消费的自制力也强了许多。

为孩子开设一个专属于他的银行账户，这对孩子的财商培养大有益处。现在的孩子除了拥有固定的零花钱外，在逢年过节、过生日等特殊日子还会获得很多长辈的红包，小小的储蓄罐，显然已经无法满足他的资产储蓄需求了。

而且，为孩子开通专属的银行账户，还能帮助孩子建立积极的消费观和价值观。为什么这么说呢？相信很多人有过自己儿时收到压岁钱时的无奈——每次都被父母一句"我帮你存着"就拿走了，从此再也没有见过这些压岁钱的踪影。

如果孩子的压岁钱最终都被家长"收缴"，那么试想一下，精明的孩子会怎么做呢？恐怕他会想尽办法，利用还在自己掌控中的压岁钱进行快速消费，力求在家长"收缴"前为自己谋求最大的福利。显然，这不是一种正确的消费观念。

为孩子开设一个专款专用的银行账户，然后让他自己设置密码、保管卡片，再明确说明这是属于他的个人资产，里面的数额变动也是随时可以查询到的。这其实是一种满足孩子占有欲的方式，能够让孩子直观地认识到，自己手中的钱即使不急着去消费，也是完全属于他自己的。

尤其是当孩子发现这些钱放到储蓄账户中，哪怕他什么都不做，也能从银行处获得利息。这必然会让孩子对储蓄的热情更加高涨，同时更直接地认识和感受到储蓄的好处，从而树立正确的消费观。

家长也可以像卓先生那样，在给孩子开设银行账户让他认识到储蓄的好处之后，再挑选一些合适的理财产品让孩子接触，作为财商培养的进阶体验。

家长应该明白，理财教育对于孩子的成长有很大的帮助，它不仅是一种资产管理分配的教育，也是一种人格、品德和诚信的教育。

让孩子从小就养成良好的理财观念与消费习惯，不仅能提升孩子对财富的认知能力和管理能力，更重要的还能让孩子学会克制和权衡。这些都将成为影响和改变孩子一生的重要特质。

◇ 让孩子学会合理支配每一笔钱

很多家长不愿意给孩子零花钱，即使给了孩子零花钱也会进行严格控制，主要是担心孩子因为年纪小、不懂事，花钱时挥霍无度、不懂计划。实际上，一个人会不会乱花钱，花钱时有没有计划，跟年龄大小没有任何关系。

家长在零花钱方面一直对孩子进行控制的话，反而不利于培养孩子形成正确的消费观念。这其实并不奇怪，试想，如果家长一直严格把控孩子对金钱的支配，他就不会得到任何进行消费的锻炼机会，他只会习惯性地按照家长的安排去做。一旦有一天家长不再管束他，他要么会陷入迷茫，不知道自己究竟应该怎样合理花钱；要么会因一朝失去掣肘就放纵自己，陷入过度消费。

一个人的任何一种技能都需要通过实践来掌握。想要让孩子学会合理地支配每一笔钱，就要先让孩子有机会去支配它，否则，无论孩子的年龄增长到多大，他在这一方面的技能都无法得到提升。

自从上了小学，刘鹏就有了零花钱。刚开始的时候，因为担心刘鹏乱花钱，妈妈都是按天给刘鹏零花钱。妈妈还心想，这样发放零花钱，不用担心孩子因过度消费而影响到之后的生活。

但是时间长了之后，妈妈就发现这样下去不行。因为零花钱是按天来发，刘鹏在花钱这件事上根本没有任何计划，他心想：反正今天花完了，明天早上又有了，就算"乱花"似乎也没有什么影响。

一段时间之后，妈妈就改变了零花钱的发放方式，改为每周给刘鹏一次零花钱，还是让他自己去安排怎么使用。

刚开始的时候，刘鹏乐坏了，毕竟之前他从来没有一次性收到过这样一笔"巨款"。但很快，刘鹏就乐不出来了。这不，刚到第三天，刘鹏就发现自己已经把一周的零花钱都花完了——也就是说，在之后的四天里，他没有一分零花钱！

妈妈自然也发现了刘鹏的情况，但她没有批评刘鹏，也没有多给他零花钱，只是说："零花钱给了你，你有权利自己去支配它。但是，你要记住我们是有过约定的，这些是你一周的零花钱，即使你第一天就全部花完，在这周结束之前，妈妈也不会再给你额外的零花钱了。"

经历了这次教训，刘鹏一直告诫自己一定要控制好花销，千万不能再冲动消费。但很快，"悲剧"再次上演，这让刘鹏懊恼不已。从主观意愿上说，他的确不想乱花钱，但不知道为什么，每次他回过神来时钱都已经花光了。

无奈之下，刘鹏只得去找妈妈，希望妈妈还是按照之前的方式给零花钱。妈妈没有同意刘鹏的提议，但是给了刘鹏一些建议，让他尝试着把自己的每笔花销都记录下来，这样就能知道自己的钱到底花在了哪里；然后，再分析看看哪些钱是必要的花费，哪些是不必要的花费，以后就能做到合理消费了。

之后，妈妈又引导刘鹏，在他每次收到零花钱之后都尝试做一个消费计划，合理支配每一笔钱。这样坚持了一个月，刘鹏发现，自己不仅能够将零花钱安排得妥妥当当，有时甚至还能有一些结余。这些结余慢慢累积下来，也是一笔不小的资产呢！

家长对孩子的花销一手包办或严格限制，确实能够杜绝孩子胡乱花钱的现象，但同时也阻碍了孩子理财能力的培养。孩子终究是要长大的，会离开家长独立生活，家长不可能永远都帮孩子安排好每一笔消费，告诉他把钱应该花在什么地方。

所以，比起限制和管束，家长更应该做的是教育和引导。就像智者所说的"授人以鱼，不如授人以渔"，让孩子越早掌握合理消费的技能，才能越好地避免将来可能在这方面出现的错误。

家长要怎么做，才能帮助孩子学会合理支配每一笔零花钱呢？

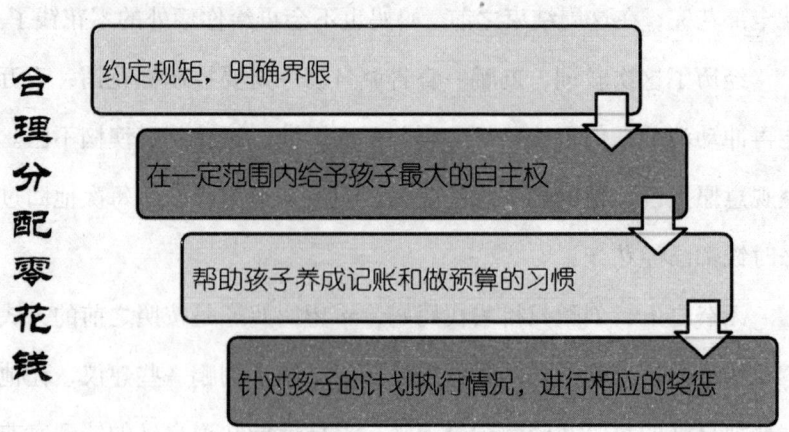

第一，约定规矩，明确界限。

在发放零花钱时，家长应该和孩子约定好规矩，让孩子知道他能花的钱有多少，这些钱需要花多长时间。即使孩子因为安排不当使花费超出了额度，家长也应该严守规矩，不能因为心软就给孩子额外的零花钱。

只有明确了界限，才能让孩子真正明白计划消费的重要性。

第二，在一定范围内给予孩子最大的自主权。

每个人都是在一定的错误中而获得了成长，消费也是一样。既然家长把零花钱给了孩子，就应该尽可能地给予他安排和支配这笔零花钱的自主权，在家长还能控制的范围内放手让孩子去经历、去犯错，远比将来让他狠狠跌了跟头再后悔要强得多。

第三，帮助孩子养成记账和做预算的习惯。

很多时候，孩子在经历错误、接受教训后并不能立刻找到解决问题的方法，这时候，家长应该给予他一定的引导和教育，帮助他先捋清思路再找解决方法。

比如，当孩子在零花钱的安排和支配上出现问题时，家长可以引导他尝试用记账和做预算的方式控制支出、合理安排消费，并让这种方法成为一种良好的生活习惯。

第四，针对孩子的计划执行情况，进行相应的奖惩。

任何计划，只有变为现实才可能具备价值。因此，除了帮助孩子养成计划消费的习惯外，家长还应发挥监督作用——监督孩子严格执行所制订的消费计划。

为了更好地发挥监督作用，家长可以对此和孩子约定相应的奖惩措施。比如，当孩子能够按照消费计划严格执行时，可以获得额外的奖励；反之，则要接受相应的惩罚，就是减少零花钱。

/ 第八章 /

除了学习，孩子总要再喜欢点儿什么

　　对于孩子来说，狭义的学习就是按照老师的要求去学习知识，广义的学习包括如何去生活、如何去与人相处、如何认识世界等更多的技能。小学生需要多了解一些课堂外的知识，有利于孩子培养兴趣，帮助孩子更好地认识这个世界。

◇ 多了解，多体验

这个世界上，是否有绝对没用的人呢？对此，我们很难判断，但不得不说，一个人的天赋隐藏得远比想象的要深——有些人大器晚成，是因为直到很晚的时候他才找到成功的窍门，厚积薄发；有些人则是到了很晚的时候，他才去做那些自己真正擅长的事情。

如今的孩子，比90后、00后的孩子的负担更重，需要学习的才艺比过去更多。但这些才艺的学习，并不是孩子自己选择的，或许也不是他们想要的，而是家长认为合适的。

家长定向培养孩子，这是一种本能，因为家长都想把最好的东西送给孩子，想要让孩子的人生一帆风顺。我想说的重点来了：定向培养孩子，家长选择的领域要么是自己喜欢的，要么是自己擅长的，要么是为了完成自己童年时期没能实现的梦想。

天赋在成功中占据的比例远比人们想象的更大，即便有成功者帮忙引路，一个人在缺少天赋的情况下还是比那些有天赋的人学习得更慢，取得的成就更低。即便家长让孩子学习一些才艺只是为了陶冶情操、强身健体，也需要按照孩子的个人天赋去选择。

强行为孩子指定方向，只能让孩子学得痛苦、让家长看着累。想要避免这种痛苦，最好的办法就是让孩子多了解、多体验，找到属于他自己的方向。

李琼是晚婚晚育的典型，直到 29 岁才与相恋多年的男友结婚，然后有了女儿小可。

李琼知道朋友们在结婚生子以后就开始为孩子计划人生，但她认为儿孙自有儿孙福，何必在一切都没有明朗的情况下就为孩子计划好一切呢？如果家长选择的道路恰恰是孩子最讨厌的，不论孩子是否会持续走下去，注定会让人受到一些伤害。

李琼心想，反正时间还长，不如等到小可上学后找到自己喜欢的兴趣，再开始帮助她规划人生的发展方向。

等到小可成了一名小学生，李琼还是丝毫不着急，认为孩子还小，时间还早呢。相反，小可却觉得课余生活有些无聊。

小可的性格外向活泼，每天最快乐的时间就是和其他小伙伴在一起玩。上了小学以后，小可的社交对象一下多了几十个，这让她感到前所未有的满足，每天放学后一起玩的对象就多了许多。

一段时间以后，小可发现自己身边的小伙伴越来越少，放学以后甚至找不到人一起玩。后来小可才知道，原来和自己一起玩的小伙伴都报了兴趣班。小可马上跟妈妈说自己也要上兴趣班，要跟小朋友们一起学习、一起玩。

虽然这和李琼想的不太一样，但是女儿既然有这样的要求，她总不能强烈反对。于是，李琼就问小可想要上什么样的兴趣班。小可几乎没有任何犹豫，马上就说："当然是去同学最多的兴趣班。"

这个答案让李琼哭笑不得。兴趣班可不是让女儿去找同学玩耍的地方，即便是寓教于乐，也不能只想着和同学玩，这不是破坏人家的正常教学吗？可李琼也没有什么计划，不知道女儿的兴趣点，于是决定带女儿去不同的兴趣班都试试，看看她究竟喜欢什么。

小可最开始选中的是古筝兴趣班，她认为将来能学会一种乐器，就可以扩大交友的范围，认识更多的朋友。但是体验了两次，小可发现自己在上课的时候不能跟其他人说话，有人跟自己说话也会打断自己的练习思路。显然，学习古筝并不适合小可。

后来，小可又去上了演讲班，因为她知道上课时老师要让学生上台演讲。但是，演讲课的体验也和她想象的不一样——演讲课上，大家虽然在不停地说着话，但都是自己练习自己的。即便是要上台也是一个人讲，其他人都要认真地听，根本不像她想象的那样可以和大家一起交流。看来，通过演讲也交不上更多的朋友。

最后，小可选的居然是篮球班。因为小可发现，参加篮球班能让她交到很多朋友。她在上课时，与同一队的每个人都要交流、要互动，以便培养出一定的默契感，保证团队获得胜利。跟其他小朋友们竞争，最后和伙伴一起获得胜利，这让她感到由衷的快乐。

虽然李琼对小可选择兴趣班没有什么计划，但是当小可选择篮球班的时候，还是大大超出了她的预料。按照她的想法，小可那么喜欢与人交流、交朋友，她更倾向于给小可报个演讲之类的兴趣班。没想到，小可想要的交流并不仅仅是说话而已。如果自己没有耐心，不让小可多尝试、多了解，小可必然会度过一段不太愉快的童年。

如今，看着女儿和朋友一起在球场上挥洒汗水，在胜利的时候拥抱庆祝，在失败的时候互相安慰，李琼认为小可选到了最合适自己的兴趣班。

家长总是觉得自己比孩子更懂得选择什么，更懂得什么是对的。实际上，这种想法要建立在孩子能准确表达自己的诉求、能与家长毫无障碍地交流的基础之上。那么，孩子能做到这一点吗？恐怕很难。

孩子上了小学，已经能表达自己的观点和想法，但要说观点和想法非常准确，则显然是不可行的。这是孩子阅历上的限制，是人生经验的限制，也是孩子所能使用词汇量的限制。当家长为孩子设想什么适合他的时候，当孩子告诉家长自己喜欢什么的时候，都可能与最好的情况有较大的偏差，只有实际体验后才能得到最准确的结果。

所以，当我们想要增加孩子的知识面、扩展他的兴趣范围时，要多给孩子一点耐心、一点时间，让孩子亲身体验后才能了解他的真实情况。将了解与体验相结合，必然能让孩子找到最适合自己的兴趣。

◇ 尊重孩子的个人兴趣

"中国式家长"一度成为社会的热门话题，是指一些对孩子管束非常严格、要求极高的家长。

的确，在为孩子设想未来种种可能这件事情上，中国家长一直都是费心费力地想办法。为孩子着想并没有什么错，帮孩子安排好人生发展道路也是父母拳拳爱心的体现，只不过，孩子真的喜欢这些安排吗？孩子真正需要的是什么，家长了解吗？

有些人用童年治愈一生，有些人用一生治愈童年。童年是否快乐，对其未来人生能否顺利度过有着很大的影响。总的来说，孩子能否快乐生活的关键点，就在于他能否做自己喜欢的事情。

谈到这个问题，有些家长马上警觉起来：让孩子做自己喜欢的事情，不学习就知道整天疯玩，那还了得？

这里说的让孩子做自己喜欢的事情，不代表让孩子放任自流。给孩子多一点选择、多一点个人空间，家长帮忙把关，这才是让孩子自主的真谛。

世界上没有绝对的自由，人们在社会中生活就要遵守法律，遵守道德规范，认真对待公序良俗，但这不代表人们没有选择的余地和空间。在这一准则下，我们同样可以给孩子一定的选择余地和空间，尊重孩子的个人兴趣。

晓峰是个很矛盾的人，虽然他从事的是近年来兴起的自媒体行业，但是他的骨子里却非常保守，特别是对于孩子的教育，他完全按照自己小时候接受的教育方式来管教孩子。

晓峰对女儿源源从小就按"淑女型"来养育，他一直认为女孩子就应该温柔贤淑、安安静静。随着源源不断长大，她的性格却与晓峰想象中的女孩子离得越来越远——源源活泼好动，一有机会就说个不停，让人觉得好像是只小猴子一样。为了让源源像个"女孩子"，晓峰决定给女儿报个才艺班，改善一下她的气质。

既然要提升个人气质，晓峰首先想到的自然是弹钢琴。他在脑海中想象：女儿落落大方地坐在钢琴前，表情端庄，动作优雅，美妙的音乐如流水一样从她纤长的手指下流出，那画面简直美不胜收。于是，他果断为源源报班学钢琴。

没过多久，钢琴老师就打破了晓峰的幻想。老师告诉晓峰，源源在视唱练耳环节做得并不好，说明她的音乐天赋并不高，即便是坚持学习下去，也会比同龄人更加吃力。

这个结果让晓峰有些犹豫，虽然他和妻子没有什么音乐天赋，但也不算太差。好在他对源源的期望没有那么高，他不需要女儿成为一名钢琴家，只要能培养出良好的气质就可以了。

晓峰明白老师说的更加吃力是什么意思，但是他没有想到女儿会吃力成这个样子——别人很快就能掌握的基础知识，源源却需要花费三到五倍的时间与精力才能跟上。除了上课之外，源源还要每天苦练一小时。晓峰经常看到女儿手指通红、不停落泪的样子，最后还是心疼胜过一切，决定不让源源学钢琴了。

培养淑女气质的方式有很多，不学钢琴还可以学别的。既然女儿活泼好动，学跳舞似乎也是个不错的选择。于是，晓峰又为源源报了一个舞蹈班，想着女儿身材修长，绝对是个跳舞的好苗子。

没想到，源源的音乐天赋不好居然也影响到了跳舞。过了一个月，舞蹈老师说源源的节奏感很差，虽然能把舞蹈动作展示得很好，但总是跟不上音乐节奏，跟同学一起跳舞的时候不是快了就是慢了，恐怕很难在舞蹈方面有所发展。

晓峰并不介意这一点，说孩子学跳舞主要为了塑形。那老师自然也不在乎了，但源源对这件事情却很有意见。她很恼火自己在跳舞时的动作总是跟别人不一样，有些时候动作差得太多，同学就会盯着她看，甚至还会偷偷地笑。源源觉得很丢脸，但在短时间内难以改变这种情况，最后她只能告诉爸爸不想学跳舞了。

女儿接连两次的失败，让晓峰有些失望，难道女儿就找不到一项能持续下来的才艺吗？他如今已经不想培养淑女气质的事情了，只要女儿能把课余时间利用起来，无论是强身健体还是学习才艺都可以。

周末到了，在看电视的时候，源源突然指着电视说："爸爸，我想学这个。"晓峰一看，顿时有点儿傻眼了。原来，电视上正在播放一条新闻，画面上是颇受大众关注的美式橄榄球赛事。

在晓峰的观点里，美式橄榄球充满热血、激情，带着肉搏式的冲撞，无论从哪个角度看都不是一个女孩子应该喜欢的体育项目。不过，既然女儿喜欢，晓峰还是打算让她试一试。

没想到，源源喜欢美式橄榄球不是一时的心血来潮，上了两次免费体验课以后，她真的喜欢上了这项运动。老师说，源源在美式橄榄球上非常有天赋，仅仅从掌握规则这件事情来说就比其他孩子快得多。在赛场上，源源不仅表现出勇敢的一面，还展现出过人的智慧和领导能力，总是能比别人更好地利用规则带领队员战胜对手。

结果虽然与晓峰想象的不一样，他甚至有些不满意，但是当他看到女儿在球场上意气风发的样子时，发现什么淑女气质都比不上女儿的笑脸。

家长想要给孩子一个美好的未来，但为孩子硬性选择的道路未必会适合他的意愿。削足适履，逼迫孩子做那些家长自以为觉得好的事情，只能让孩子受到伤害。所以，让孩子选择自己最喜欢的，才能给他带来快乐，才能让他投入更多的时间和精力。

当然，在这一过程中，家长要分辨出孩子是真的喜欢还是一时心血来潮。如果家长过于急切，孩子稍微有点儿兴趣就让他去学、去参与，孩子和家长的热情都会在这一过程中被消耗完。

只要孩子是真的喜欢某个兴趣班，真的全身心投入，这时，家长就要给予孩子全部的支持。

◇ 爱好不是任务，但要学会坚持

人们常说"干一行爱一行"，这是在某个领域能不断提升、不断成长的根本原因。其实，这不仅体现在事业上，在爱好这一领域同样适用。只不过，成年人和孩子对爱好的理解有着很大的差异。

成年人知道自己去做一件事情，即便仅仅是因为爱好，也很明确自己能从中收获什么——或许是他人的羡慕，或许是纯粹的快乐，又或许是一份难以向他人分享但又切实存在的成就感。因此，成年人会为自己设定目标,会为正在做的事情规划进度。在这个时候,爱好或许会有些许"变质",但不影响最后的结果。

对于孩子来说,兴趣是纯粹的,收获也是纯粹的。两者虽有密切的关系,但并不会因为想要获得收获而具有强大的驱动力,只有纯粹的喜爱才能让他把这一爱好坚持下去。

从家长的角度来看,当孩子选择了一项兴趣,自然要达成某些成就。比如,喜欢弹钢琴,就要在规定时间内完成考级的任务;又如,参加运动兴趣班,且不说将来要成为几级运动员这种遥远的事情,至少在学校运动会上能取得满意的成绩,才算是没有枉费参加这个兴趣班。

这就是说,孩子参加兴趣班,家长更在意的是孩子的这项技能提高了多少,而不是他快不快乐。

这样想,多少有些本末倒置的意思。家长让孩子培养兴趣,愿意为此花费时间与精力,就是因为孩子喜欢,而不是因为他会从中获得

多少好处。如果把着眼点放在收获上,就会情不自禁地为孩子制订计划、布置任务。结果,孩子原本喜欢的项目也会渐渐变得不喜欢。

丁晓波一直以儿子小轩为荣,因为小轩从小就安安静静的,不淘气也不给大人捣乱,每天只要给他讲上几个故事,他就能开开心心地度过一整天。

在小轩6岁的时候,他就开始尝试自己阅读一些简单的儿童故事,这让他进入小学后的阅读水平比其他同学显得高了一点。阅读完故事以后,小轩经常有一些想法,每到这个时候他就会去找爸爸,跟爸爸分享他认为这个故事怎么讲可以更有趣。

久而久之,丁晓波突然冒出一个想法:既然儿子有这么多比较不错的想法,为什么不把它写成故事呢?于是,他开始鼓励小轩试着创作一些故事。

最开始的时候,小轩有些扭捏,认为自己的想法有些简单,难以形成一个完整的故事。但尝试过几次以后,他就喜欢上写故事的感觉了,特别是当他把故事分享给父母、班级同学的时候,大家都称赞他丰富的想象力和幽默的语言。

眼见小轩在写作方面展示出过人的天赋,丁晓波认为不应该再浪费时间了。他为小轩报了一个写作兴趣班,让小轩开始系统地学习如何写作。

一段时间以后,小轩的写作水平有了很大的提升,不仅故事的逻辑性更加合理,文笔也越来越好。

班主任甚至告诉丁晓波,他教过许多学生,论天赋,小轩在这些学生里能排到前三名。他希望小轩能参加当地每年都要举办的"星火杯作文大赛",如果在比赛中获奖就可以获得证书。可别小看这个专门给小学生颁发的获奖证书,它的含金量极高,在小升初的时候,小轩会因为这个证书比其他同学更有优势。

一听写作对儿子将来的前途更有优势,丁晓波就把这件事情从儿子的爱好上升到了任务——小轩必须每天都要交一篇作文,还要认真写不少于200字的日记。

当爱好变成任务,小轩逐渐觉得写作不是一件有趣的事情了。原本,小轩哪天有了新的想法、灵感,才会尝试写一篇故事或文章;现在,他只不过是个涉世未深的孩子,要求他每天写一篇作文和日记,简直就是一种折磨。他经常枯坐在桌子前几个小时,也想不到要写什么。又过了一段时间,他连写作兴趣班都不愿意去了。

当然,这一切是丁晓波不知道的,他一度以为设定任务对儿子的写作有极大的帮助。直到有一天,兴趣班的老师打来了电话。

老师告诉丁晓波,小轩在这段时间里写出来的文章呈现出一种奇怪的状态,虽然文笔越来越老练,但内容却越来越空洞,整篇作文里充满了空话、套话,完全没有了之前表现出的天赋和灵气,是不是家里发生了什么事情。

丁晓波把自己给小轩设定任务的事情告诉了老师,老师痛心疾首地告诉丁晓波,孩子年纪小就表示阅历少,这样布置任务是在竭泽而渔、杀鸡取卵,再这样下去就会毁掉一棵好苗子,看来小轩很难在今年的作文比赛上获奖了。

有人说，人生最幸福的事情，就是把自己的兴趣变成赖以生存的工作。实际上，无论你多么喜欢，把兴趣变成任务的时候也要有个限度。如果在没有兴趣的情况下，你硬要去做这件事情，带来的感受一定是负面的。只不过在这一过程中，其他的收获会填平这种负面情绪，让正面情绪保持在突出状态。

家长想要让孩子的爱好变成才能、技艺、本领，这无可厚非，但要记住，顺势而为才是最好的方法。

孩子的注意力非常容易因为其他更有趣的事情转移，家长只要保证孩子能持之以恒，不要忘记自己喜欢的东西，久而久之，孩子定能有所收获。如果强行把孩子的爱好变成任务，这相当于揠苗助长，对孩子的爱好有毁灭性的影响。因此，对于孩子的爱好最主要的是坚持，而不是逼迫他快速成长。

◇ 给孩子"炫耀"的机会

有些人一直想要过上比别人更好的生活，在经济、才能甚至是品位上超越别人，这往往是人的虚荣心在作祟。有些人可以通过后来的学习，逐渐改掉原来不切实际的想法；有些人终其一生都喜欢表现自己生活得比别人更好，哪怕它不过是虚假的表象。

孩子也一样有这样的心理。当孩子学会某项新技能，觉得它非常了不起的时候，自然想要让更多的人知道，展示自己是有才能的、是与众不同的。这时候，许多家长就有了疑问："不是说孩子不喜欢被要求在其他人面前表演吗？"

被家长要求表演与孩子自己想要炫耀，是完全不同的两回事，这两者之间最大的不同点，就是孩子当时的心态。

眼看悠悠就要上小学了，妈妈一打听，周围和悠悠一般大的孩子都报了各种各样的兴趣班，准备在开学面试的时候做好才艺展示。为了不让悠悠落于人后，妈妈决定也给悠悠报个兴趣班。

悠悠喜欢唱歌跳舞，在精挑细选之后，妈妈就给悠悠报了个舞蹈班。刚开始上课的时候，悠悠可兴奋了，觉得一切都很新鲜，每次只要学会一段新的舞蹈动作，回家就要拉着爸爸、妈妈和爷爷、奶奶一起看她表演。

暑假的一天，悠悠过生日，家里来了不少亲朋好友，大家吃完饭便凑在一起聊天。聊着聊着，就说起了各家的孩子，妈妈便把悠悠拉了出来，兴冲冲地说道："悠悠最近报了个舞蹈班，老师说她很有天赋呢。悠悠，快来给大家表演一段！"

令人意外的是，听了妈妈的话后，平时特别喜欢表演的悠悠却一副不情愿的样子。妈妈以为悠悠这是害羞了，便一直催促她："别害羞呀，前两天老师不是刚教了一支舞蹈吗？就跳那个，你别这么胆小，以后在舞台上表演，你会面对更多的观众。"

最后，悠悠在妈妈不断的催促下才勉强地跳了一段舞蹈，大家都乐呵呵地夸奖悠悠跳得好，但悠悠一点儿也不高兴的样子。

妈妈也感觉到了女儿的不开心，但她实在想不通，平时总喜欢拉着别人看她表演的悠悠，怎么这次却别别扭扭的呢？

站在家长的角度来看，既然孩子学会了新才艺就喜欢表演给家长看，然后得到家长的掌声和认同。那么，在有机会的情况下，家长让孩子在亲戚朋友面前表演一下，他应该也是很乐意才对的。现在我来问下大家，这两者有什么区别吗？

事实上，这两者还真是有着很大的不同点。当一个人想要向他人炫耀自己某种才艺的时候，要么是做好了万全的准备，要么是排练过无数次已经非常熟练了。所以，当孩子想要炫耀自己的才艺时，他的心理状态已经调整好了，想要怎样炫耀、从什么角度炫耀，都是事先在心里想好的。

当家里来了客人，家长要求孩子表演节目的时候，孩子往往是始料未及的——他不仅在心理上毫无准备，对于要表演什么也是摸不着头脑。家长则不懂得孩子的这一心理，认为让孩子随便表演一下就可以了。

殊不知，孩子想要的炫耀是完美的，而不是随便展示自己会什么。许多家长并不了解孩子的学习进度，会说出这样的话："不知道表演什么？就弹昨天练习的那首曲子吧，现在坐到钢琴前面给叔叔阿姨好好表演一下。"

孩子心里想的却是："那首曲子前天刚学，昨天才练习了一遍，现在怎么可能表演得好？"

孩子越是不想表演，表情动作越是扭捏，家长却觉得没有面子，态度越来越严肃。这时候，孩子的内心产生了委屈、难过的心情，转身跑回自己的房间或者是当场掉下眼泪，都是很常见的情况。

孩子自己想要炫耀，即便手段看起来略显稚嫩，总不会表现得太离谱；家长硬性要求孩子表演，则往往完全不顾及孩子的情绪。

在孩子还小的时候，家长就会对其进行基础的道德教育，如不能随便拿别人的东西、说话要讲礼貌、不能打人，等等；随着孩子逐渐长大，家长又教给孩子一些更贴近生活本质的内容，如要尊老爱幼、孝敬父母、与同学团结友爱、与人分享……在种种的教育中，一定会有这句名言："谦虚使人进步，骄傲使人落后"。

家长的话，对于孩子来说无疑是金科玉律，是需要遵守的规则。因此，孩子想要炫耀的心情就与"要谦虚"的规则形成了冲突——孩子想要炫耀的时候，自然会规避高调、骄傲的方式，选择谦虚、自然的方式。此时，家长要求孩子主动表演，那么，一切谦虚、自然、低调就都不存在了，孩子难以进入自我展示的状态。

孩子的年纪虽小，但已有了自尊心。家长要求孩子当众表演，会让孩子觉得自己不被尊重，他就越是抗拒当众表演。所以，如果家长想要让孩子在他人面前展现自己的才艺，可以采用相对温和的方法。

比如，在亲朋好友来之前，家长要提前跟孩子商议好，又或者是把孩子叫过来做一些简单的互动游戏，再把话题引到表演这件事情上。这样做，可以让孩子在心理层面得到缓冲，明白自己有一个当众表演的机会。

其实，孩子想要炫耀的想法往往比成年人想象的更加明显，毕竟孩子的阅历不多，很难做出一些深刻的暗示，一般脸上的表情和肢体语言都能表现出来。所以，家长不难发现孩子有事情想要让家长知道，想要让其他人知道。这时候，只要家长稍加鼓励，孩子就能从容地进行表演。

◇ 夸奖是最好的鼓励

人人都喜欢听好话，都喜欢被他人称赞，尤其是在取得了一些成就、达到了既定目标的时候，他们更渴望获得大家的夸奖。

成年人需要称赞才能保持信心和动力，孩子和成年人一样也需要夸奖。孩子的这种需求比成年人更加纯粹，只要获得些许夸奖，就能让他们从中感受到很多意想不到的快乐。

蔡成是个对自己要求很高的人，从小他就要求自己要么不做，要做就把事情做到最好。因此，他的学习成绩总是在班级里名列前茅。虽然他的运动条件不算好，但在苦练之下，他的体育成绩也是不落人后。从小学到高中，他一直是班级干部，做事认真负责，深受老师和同学的好评。上了大学以后，他又成为学生会的骨干，无论负责什么事情总能做得井井有条。正是因为他对自己的高要求，在大学毕业参加工作不久，他就成为一家公司的技术要员。

事业上顺风顺水，蔡成的个人生活表现得也丝毫不差——与大学时期的女友结婚，然后就有了儿子强强。他明白自己不过是中人之姿，人生之所以能如此顺利离不开对自己的高要求。为了让儿子有一个和自己一样的人生，他决定把高要求的方式继续贯彻下去。

在强强刚学会说话的时候，蔡成就教他背诵古诗词；在强强刚上幼儿园的时候，蔡成就要求他认识日常生活中的常见字。当强强上小学的时候，他已经能完整地阅读并填写入校报名表格了。

在蔡成的高要求下，强强的学习成绩在班级里自然是名列前茅。但蔡成也明白，小学要学习的知识并不多，课业也不繁重，这时候的成绩不能说明什么，只有让强强掌握更多的技能，开拓思维，养成一些好习惯，才会对他将来的人生更有帮助。

在与强强商量过后，蔡成给他报了航模兴趣班，希望强强能在制作航模、修理航模的过程中学习手脑并用，喜欢尝试和探索，最后对物理学产生基本的兴趣。

强强也很高兴，他和其他男孩子一样从小就喜欢飞机、军舰，现在能自己制作玩具，非常符合他的心意。

上了一段时间的课程，强强就可以按照自己的想法做出一个简单的飞机模型。当强强兴致勃勃地把飞机模型拿给蔡成看的时候，蔡成不禁皱起眉头——眼前这个用皮筋做动力、形状稍显歪曲的模型，让人看了有些不舒服。

蔡成没有指望强强能在一小段时间里就做出一个精致美观的模

型,但他也没有想到强强居然会做得如此不堪。他强忍着不悦,提出跟强强一起出去试试这架飞机能飞多远。他的心中还抱有一丝侥幸,也许这架小飞机只是外观不尽如人意,飞行效果可能还不错呢。

蔡成带着强强来到小区的绿地,说道:"让爸爸看看,你的这架飞机能飞多远。"强强应了一声,把飞机前端瞄向天空,拉紧皮筋然后一松手,飞机前端就猛地向上一翘,接着就直直地掉落在地上。强强赶紧跑过去捡起地上的飞机,接着试了几次,结果都一样。

蔡成看着这架不怎么样的飞机,内心感到一些烦躁,就冷冷地说:"这样的飞机,以后别拿来给我看了。"说完,他就带着垂头丧气的强强回了家。

蔡成对强强的要求很高,他希望儿子能知耻而后勇,很快能把一架不论是外观还是功能都合格的飞机拿到他的面前。没想到,这一等就是一个月,他也没有看到结果。他实在是没有耐心了,就打电话给航模班的老师,问强强的学习进度怎么样了。

老师告诉蔡成,其他同学都开始尝试制作其他种类的飞机,有些同学已经组成小组试着去做用电池驱动的飞机模型了,只有强强还在跟那个用皮筋制作的飞机模型较劲,也不知道是为了什么。蔡成这才知道,当初自己的几句话,给强强造成了多么大的心理负担。

第二天,强强放学以后,蔡成主动对他说:"你那架飞机做得怎么样了,给爸爸看看好不好?"强强表现得有些犹豫,但最终还是拿出了他做好的飞机。这次看起来漂亮多了,可见强强下了很大的功夫。

父子二人再次来到小区的绿地上,强强摆好姿势,用最大的力气拉紧皮筋。没想到，他松手以后，飞机仍然猛地冲上天，向后绕了一个圈然后一头撞到地上，前端都摔碎了。强强看着残破的飞机，没有忍住就哭了起来。

这个结果显然不能让蔡成满意，但他看着满脸泪水的儿子，终究还是心软了。他搂着强强的肩膀，说："虽然这次表现得不是很完美，但比上次强多了，不是吗？只要继续坚持下去，你一定能做出一架合格的飞机。不过，也不妨试试制作其他类型的飞机，也许你能做得更好。"强强抹了一把眼泪，坚定地点了点头。

相比高要求、高压力，孩子更需要夸奖。

成年人在做事情的时候，知道自己当下保持着什么样的状态、什么样的进度、到什么时候能获得什么，有了可预见的结果，自然就有坚持下去的动力。

孩子不一样，他还站不了那么高、看不了那么远，他做事情的过程中需要夸奖，需要知道自己做的是正确的，需要知道自己坚持做下去是有意义的。否则，无论他付出多少努力都无法获得肯定、不能得到夸奖，那这件事情对他来说就没有多大的意义，松懈、止步不前、放弃就会逐步出现。

所以，家长在培养孩子兴趣的时候，要让孩子感受到自己做的事情是有意义的、有收获的。父母的夸奖是孩子成就感的来源，也是对他最好的奖励。

/ 第九章 /

假期来了，大把的时间要安排好

小学生每年都有寒暑假，如果不给孩子的假期列出清单，让孩子把时间用在疯玩上是一种极大的浪费。因此，当假期来临，家长要帮孩子做好时间规划，让孩子在假期当中仍然有所收获、有所成长。

◇ 让早睡早起成为一种固定习惯

终于迎来了难得的假期，孩子们不用每天起早去学校上课，不用晚上埋头在题海里挣扎，可以有更多的时间玩乐、更自由地安排自己想做的事情，更重要的是——可以睡懒觉啦！

对于假期，无论是家长还是孩子都抱有这样的想法，总觉得假期到了就意味着可以放松自己，不必再遵守严格的作息时间，也不必像平时一样把神经绷得很紧、事事都要安排得井井有条。

如果你真的这么想，恐怕就大错特错了！

平时，家长心疼孩子的学习太苦太累，到了假期就不忍心再对孩子管理得那么严格。作为家长能有这样的心理，我们可以理解，但也应该明白，小学正是孩子养成习惯的重要阶段——孩子的性格和习惯塑造非常容易受到外界的影响，一旦放松对孩子的约束，就可能导致他们养成不良习惯，之后再想纠正过来可就有些辛苦了。

在朋友眼中，谭倩是个非常典型的"虎妈"，对儿子斌斌的教育一直十分严格，哪怕是在假期里也不会让斌斌过度放松。

这不，面对下周就要迎来的寒假，谭倩已经给斌斌制订好了作息计划：要求斌斌早上 7 点必须起床，晚上 10 点以前必须上床睡觉，就连吃饭、看书、学习的时间都做了严格的规定。可以说，这个作息计划虽然比平时放松了一些，但真的仅仅只是稍微放松了一点点。

对于妈妈制订的这个假期作息计划，斌斌是敢怒不敢言。毕竟在家里，天大地大妈妈最大，尤其是在学习问题上，向来是由妈妈做主。

很多同事知道这件事后，都劝谭倩不要给孩子这么大的压力。一些同样为人父母的朋友，也劝说谭倩应该给斌斌一个快乐的童年，毕竟平时孩子上学读书已经非常辛苦，好不容易到了假期，睡睡懒觉、疯玩一段时间，又有什么关系呢？

对于这种说法，谭倩却不以为然，并不打算改变自己给孩子制订的作息计划。但对于朋友的劝解，谭倩也表示非常感激，因此，她把自己的真实想法和意图分享给了大家。简单来说，有以下几点。

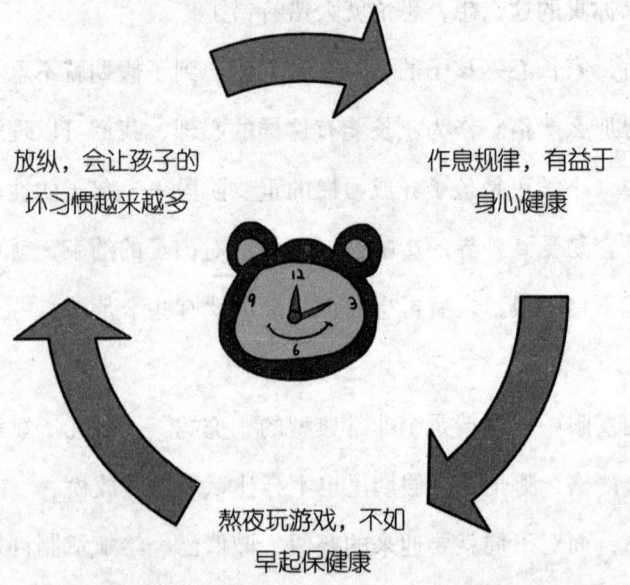

第一，作息规律，有益于身心健康。

小学阶段是孩子身心健康发育的关键时期，良好的作息习惯是保证孩子健康成长的前提。如果孩子总是晚睡晚起，作息不规律，必然会影响到孩子的身体发育，这对孩子的健康是极为不利的。

俗话说："一日之计在于晨。"早晨是一个人头脑最灵活、思维最清晰、精力最充沛的时候，是人一天中身体状态和心理状态最好的时期之一。

如果因为作息不规律导致孩子睡懒觉，每天把这段重要的时间浪费掉了，岂不是非常可惜？更重要的是，一旦养成习惯，这种浪费很可能会一直持续下去。

第二，熬夜玩游戏，不如早起保健康。

对于大部分孩子来说，他们之所以熬夜并不是因为睡不着，而是沉迷于某些娱乐活动，如玩游戏、看动漫等。时间久了，这对孩子的身心健康会造成一定的伤害。

在这种情况下，家长的纵容只会加剧这种伤害带来的后果。

第三，放纵，会让孩子的坏习惯越来越多。

孩子身上很多习惯的养成，与家庭教育有直接的关系。如果家长因为心疼孩子就允许他们打破健康的生活规律，放纵他们晚睡晚起，那么在其他方面，孩子也会下意识地认为自己同样能够放纵，且心安理得地这么做。久而久之，孩子的坏习惯会越来越多，到时候再想纠正恐怕就难上加难了。

因此，家长应该明白，虽然假期是用来休息的，但不应该用来放纵——心疼孩子应该有一定的标准和尺度，适度约束孩子的行为，才是对他们最好的关心与帮助。

更何况，利用好假期，同样能让孩子在获得乐趣的同时实现能力的提升。要做到这一点，最基本的要求就是保持规律的作息，让早睡早起成为孩子的一种固定习惯。

就像此前受到疫情的影响，很多地区的学生通过上网课的方式在家学习。这时候，一直保持良好作息规律的孩子就占了很大优势——即使没有老师的管束，他们依然能够迅速调整状态，进入学习模式。那些因为在家上网课就放纵自己、每天偷懒或者玩游戏的孩子，自然很难靠自己的毅力进入学习状态。

这样一来，二者不同的精神面貌和学习状态无疑会直接影响到学习效果，学习成绩的差距自然会越来越大。

◇ 选择靠谱的假期训练营

当孩子迎来假期的时候，大多数家长仍然奔赴在上班的第一线。这样一来，骤然失去管束的孩子难免会放松对自己的要求，甚至在无所事事中浪费掉漫长的假期时间。

在这种情况下，越来越多的家长开始倾向于在假期把孩子送到各种不同主题和类型的训练营中，以期能让孩子在享受乐趣的同时获得团队协作能力的提升，不至于白白浪费了大好时光。

现在市面上有很多种类的假期训练营。这种训练营和普通的旅游不同，和传统的课堂教学也不完全一样，它相当于一种将娱乐与教学相结合的训练班。

需要注意的是，市面上众多假期训练营的质量参差不齐。优秀的假期训练营具备雄厚的师资力量和丰富的开班经验，专业水平非常高，提供的服务质量也过硬，能够让孩子在舒适安全的环境中娱乐和学习，开阔眼界的同时也能提升思维能力，真正做到寓教于乐。

但也有一些假期训练营只是打着"训练营"旗号的补习班，为孩子提供的服务和教学质量也比较一般，虽然在一定程度上能够达到培训的效果，但体验感往往达不到比较好的程度。

甚至还有一些训练营在宣传方面做得很好，但实际上是"挂羊头卖狗肉"，在服务方面存在诸多问题，很容易出现食宿质量差、安全无保障、退款难的情况。尤其是遭遇突发状况时，这样的训练营往往不具备相应的防范措施和应急方案。

白明在给儿子松松挑选训练营时粗心大意，不仅毁了松松难得的假期，还害得松松进了医院，可别提有多后悔了。

事情还要从松松放暑假之前说起。那段时间，松松妈应公司安排要到外地去进行为期一个月的学习考察，于是照顾松松的重任就交给了爸爸白明。平时松松的生活和学习都是由妈妈安排的，所以毫无经验的白明直到松松的假期都已经开始了，才想起来还没有给松松做假期安排。

听说松松的很多同学都报了各种暑假夏令营，白明也想给松松报一个，但这时候夏令营的报名基本上都已经截止了。正在白明发愁的时候，下班路上他拿到一张名为"小小男子汉"的训练营宣传单，介绍了这个训练营的主题就是要带领孩子们进行为期一周的军事化管理训练，以激发孩子们的"亮剑"精神。

白明平时就喜欢看军旅题材的影视作品，觉得男孩子就应该感受一下部队氛围的洗礼，二话不说就给松松报了这个训练营。

可没想到的是，这是一个才创办没多久的训练营，师资力量比较薄弱，经验也不足，当松松在参加"野营突击"活动时，由于老师的疏忽导致他不慎从山坡上滚了下去。所幸山坡那一带的野草比较厚实，松松只是受了轻伤，没出什么大事。

事后，白明可别提多后悔了，如果当时自己能再细心一些，多考察考察，哪里会让儿子遭这样的罪呀！

那么，为孩子选择合适的假期训练营时，家长需要注意哪些问题呢？

第一，明确目标。

在为孩子选择合适的训练营时，家长要先明确孩子喜欢什么、需要什么，以及自己期望孩子通过参加此次训练营能获得什么。想清楚这些，根据具体需求再来选择符合要求的训练营。

第二，考察清楚机构资质。

选择好训练营的类别之后，家长一定要先了解举办训练营的机构资质情况，最好选择那些有多年组织经验和营地管理经验的机构。

当然，这不是说新成立的机构就一定比不上老机构，但客观来说，经验丰富的老机构确实比新机构更靠谱一些，具备更成熟的应急事故处理措施，对孩子的安全也更有保障。

第三，提前参观训练营营地。

孩子参加训练营，通常需要进行一段时间的集体生活。在这段时间里，孩子的吃、穿、住、行都在营地中进行，因此，营地环境的优劣情况，在很大程度上决定了该训练营的品质高低。

所以，家长选择训练营的时候，最好提前去营地参观一番，亲自了解一下孩子未来几天将要生活的环境。

如果家长不方便亲自参观，至少要了解一下营地的资料和介绍，确保营地的安全性。

第四，考察配套设施情况。

训练营中的配套设施，是一个非常值得考察的细节。

一个优秀的训练营必然有完善的配套设施，而这些设施的维护情况也能从侧面反映出训练营的质量问题。如果训练营的配套设施比较齐全，细节维护到位，至少说明该训练营是比较认真负责的，在一定程度上是值得信赖的。

第五，了解师生配比情况。

通常来说，孩子在学校上学或者参加课外补习班，都是一个老师要带几十个学生。这样的师生配比完全够用，因为这些班级的安全性都比较高，孩子主要是坐在座位上学习，发生意外的可能性不大。

参加训练营则不同，很多训练营有户外活动的项目，而户外活动发生意外的概率要远远高于室内活动。通常来说，训练营的师生配比一般是1:8～1:10，如果超出了这个比例，说明训练营的师资力量可能不是那么雄厚，需要家长多加注意。

所以，选择训练营时，家长一定要注意该训练营的师生配比情况，一个老师负责带领的学生人数越少，对学生的安全就越有保障。

◇ 掌握列假期清单的方法

很多家长有过这样的经验：每次假期来临之前，孩子想做的事情有很多，抱着雄心壮志列出一大堆清单。结果，等到假期快要结束了，假期作业都没有完成，更别说清单上列出的那些事了。

林芳的女儿小颖今年刚上三年级，每次寒暑假来临之前，林芳都会和小颖一起为假期定个目标，把打算在假期里要做的事情列成一张清单，完成一项就在后面打个钩。每次做完一件事，林芳还会很有仪式感地把完成事项的详细步骤打印出来，贴在客厅最醒目的位置。

可每次等到假期快要结束时，她们都发现清单上列出的事情还有好多没有做，也不记得从什么时候开始把这张清单抛诸脑后了。

其实，很多人有过和林芳母女一样的困惑，明明做了计划、列了清单，可不知道从什么时候开始，这些计划和清单就被默默遗忘了。那么，问题究竟出在哪里呢？到底要怎么做，才能科学、高效地使用清单，让孩子的假期计划能够付诸实践？

孩子的假期任务之所以总是难以完成，是因为从一开始，我们就没有掌握列清单的方法。以下是我们在列清单时，常常会出现的错误操作。

错误一：清单太长，事项太多。

很多家长在给孩子列假期清单的时候，总是一股脑地把假期打算要做的事情都写上去，洋洋洒洒、密密麻麻一大堆，也不管能不能做完，想到什么就写什么。

这样的清单，对孩子完成计划没有任何帮助，因为过多的信息反而容易分散注意力。

试想一下这样的场景：孩子早上起床，看到写满各种待办事项的清单。比如，第一条事项是读一本名著，可今天不想读书，怎么办呢？那换一个吧。再看第二条事项，是学画画，可现在连兴趣班都还没有报，只能再换一个。第三条事项……一连看了几条事项，实在没心情再继续看下去了，不如先休息一下看看动画片，等会儿再说吧。于是，一天的时间就这样悄悄过去了。

错误二：没有截止日期，不分轻重缓急。

一位时间管理大师说过这样一句话："没有截止日期的待办事项清单，只能称为愿望清单。"这也是很多家长和孩子在列假期清单时特别容易犯的一个错误。

其实，大部分人或多或少有一些拖延症。如果做一件事情没有设置截止日期，那么在做这件事的时候，他们就很容易找各种各样的借口不停地拖延，最终不了了之。

错误三：列出的任务内容不具体。

在列清单时，我们还很容易犯这样的错误：列出的任务内容不具体。比如，列出"读一本书"或"练习弹钢琴"这样的任务，它的描述就非常不具体，实施的时候会存在很多漏洞。

读一本书，读什么类型的书，是要一口气读完还是读一部分，这些都没有说清楚；练习弹钢琴也是一样，要弹多长时间，弹几首曲子，这些都没有具体规定。这样一来，在执行这些计划的时候，孩子很容易胡乱糊弄一下。

那么，假期清单究竟要怎么列，才能真正帮助孩子完成既定的计划呢？

第一，主要任务清单 + 每日任务清单。

在列清单的时候，可以准备两份清单：一份是主要任务清单，用来记录孩子整个假期打算完成的主要事情；另一份是每日任务清单，也就是每天要完成的事情。

主要任务清单，孩子可以在假期开始之前就列好；每日任务清单，则可以让孩子在每天早上起床之后或者前一天晚上临睡之前列出。需要注意的是，列每日任务清单的时候，应该写清每项任务的具体内容，再为每项任务设置一个时间范围。

第二，"事不过三"法则。

所谓"事不过三"法则，意思是说，在列每日任务清单的时候，列出的任务不能超过三件。要知道，每个人的精力是有限的，一天选择做三件事情，可以让孩子的注意力更集中，也不会给孩子带来太大的压力。

第三，善用便利贴。

为了能够更直观地看到假期任务的完成进度，在列出清单后，家长可以利用画板和便利贴对孩子的完成情况进行跟踪记录。具体做法如下：

首先，将画板分为三个栏目，即待办事项、进行中事项和已完成事项。

其次，在便利贴上写下要做的每项任务，将其贴在"待办事项"栏中。

最后，当孩子开始做某项任务时，就把写有该项任务的便利贴移到"进行中事项"栏。等任务完成之后，再把对应的便利贴移到"已完成事项"栏。

以此类推，每项任务都用这种方式进行记录，我们就能一目了然地看清孩子的假期计划完成情况，可以及时进行调整和改进。

◇ 列出一份科学的假期计划

平时在学校，老师会告诉学生每天的课堂学习任务、布置课后作业，把一切都安排得井井有条。但到了假期，学生不用再按时到校上课，也不再有人细致地安排每天的学习任务，这就让很多孩子在迎接假期的狂喜后，不可避免地陷入一种无所事事的茫然状态。

贝贝的假期就是这样度过的。

正式成为小学生的贝贝在经过一学期的忙碌后，终于迎来了学业生涯中第一个真正意义上的假期，可别提多高兴了。爸爸、妈妈心疼贝贝上学太辛苦，也没有强制给她报什么兴趣班，让她放松一下再说。

刚开始的时候，贝贝的日子过得逍遥又自在，不用早起上学，在家里还能"称王称霸"——父母都得上班，在家照顾贝贝的姥姥又特别宠她。

可过了没几天，贝贝就陷入了一种无聊又茫然的状态，不知道该干些什么，浑浑噩噩就把一天的日子混完了。等临近开学，她才意识到自己连老师布置的假期作业还没有写完。

尤其在刚开学这几天，小伙伴们聚在一起谈论起假期生活时，听到大家纷纷讲述着自己在这个假期学会了什么新技能，或是旅游时遇到了什么新鲜事，贝贝才发现自己在这个假期好像什么事情也没做，也不知道那么多时间都去哪儿啦！

无论大人还是孩子，如果缺乏计划和目标，宝贵的时间就容易在惰性作用下白白浪费掉。这就好比一场比赛，如果没有胜利的终点，那么，大家就无法知道自己应该努力朝着什么方向前进。

当然了，在设定计划和目标时也要注意，如果计划或目标太过庞大和遥远，对于孩子来说也没有多大意义。

有这样一则故事，想必很多人都看过：

记者在采访一位著名的马拉松选手时问道："请问，您是凭借什么因素战胜对手的？"

马拉松选手回答说："我凭借的是智慧！"

记者觉得很奇怪，跑马拉松，难道不应该是凭借过人的体力或坚持的毅力吗？凭借智慧，是什么意思？

马拉松选手解释道："每次马拉松比赛之前，我都会事先把比赛路线看几遍，记住沿途那些比较醒目的标志当作到达的目标。等到比赛开始以后，我会先瞄准第一个目标奋力跑去，抵达第一个目标之后，我再向着第二个目标前进……就这样，我把漫长的路程分解为一个个小目标，然后为之努力。假如没有这样做，大概跑到十几千米的样子，我就会被前方遥远的路途吓倒啦！"

生活中，很多人有过这样的体会：当你为自己树立了一个特别宏大的目标时，这个目标所能带给你的动力其实是非常有限的，因为你距离这个目标实在太过遥远。

如果你为自己设定的目标并没有那么宏大，而且十分具体，就像挂在树枝上的一个红苹果，那结果就全然不同了。你会想尽办法去摘取那个苹果，因为它距离你太近了，只要使劲跳起来或者找一个杆子就可以获得——总而言之，只要努力了，你有无数种方法可以达成所愿。

平时，孩子在学校上课要学习什么内容、完成哪些家庭作业，都是由老师来分配，相当于老师承担了"给马拉松分段"的工作。孩子只需要跟随老师的步骤去完成一个个小目标，然后抵达终点就行了。进入假期，孩子就像迎来一场新的马拉松，但没有老师再帮他把路程分好段，只剩下一个模糊而遥远的终点，孩子自然会感到不知所措。

做假期计划，实际上就相当于把漫长的马拉松比赛拆解成一个个小目标，以便让孩子能够摆脱迷茫，找到奔跑的方向和动力。所以，面对即将迎来的假期，家长要快点儿行动起来，和孩子一起把假期计划列出来吧！

那么，一份科学、合理的假期计划，应该具备哪些条件呢？

第一，作息安排要合理。

孩子在制订假期计划的时候，家长一定要参与其中。因为大部分孩子没有明确的时间观念，他们不知道究竟怎样安排时间才能兼顾学习和玩耍。这是需要家长带领孩子通过实践去一点点掌握的技能。

在制订假期计划的时候，合理安排作息是非常重要的。一些家长因为心疼孩子平时上学太辛苦，到了假期时便会有意放纵孩子，任由孩子打乱自己的作息规律。

这是非常不好的做法。打乱作息，不仅可能会损害孩子的身心健康，也会让孩子在开学后有一段时间的不适应期。所以，即使迎来假期，家长在和孩子安排作息时最好不要跟平时差距太大，保持良好的作息规律，才能有时间和精力做更多有意义的事情。

第二，户外活动不能少。

科学、合理的假期计划中，户外活动是必不可少的组成部分。如果家长能参与其中，亲自带领和陪伴孩子外出游玩，接触大自然的风光，对孩子来说大有裨益。一方面，户外活动能够锻炼孩子的身体，对孩子的健康成长有好处；另一方面，多接触外界环境也能促进孩子多方面能力的拓展，扩大他们的视野，增长他们的见识。更重要的是，家长多陪伴孩子进行户外活动还能增进亲子关系，避免孩子沉迷于电子游戏和动画片。

第三，良好习惯要养成。

在假期生活中，家长一定注意孩子的一些行为习惯。当发现孩子出现不良行为的时候，一定要及时制止，让孩子知道为什么不能做、这样做会出现什么后果，从而让孩子有意识地约束自己，改正自己的不良行为。

要知道，习惯的力量非常强大，好的习惯能让孩子受益一生，坏的习惯会拖累孩子的一生，所以，家长千万不要忽视孩子身上出现的不良行为。

第四，监督执行要做好。

任何一项完美的计划，如果不能贯彻实施让计划变为现实，这份计划就是毫无意义的纸上谈兵。所以，在孩子制订好假期计划后，就需要家长去监督孩子执行计划。

家长可以和孩子一起约定奖惩规则，比如，每天要完成哪些事情，顺利完成后能得到什么样的奖励，完成不了会受到什么样的惩罚。以此督促孩子执行假期计划，让孩子的假期过得充实而有意义。